봐도 봐도 신기한
최강 공룡 서바이벌 대백과

고바야시 요시쓰구 감수 | 이진원 옮김

바이킹

머리말

지구상에 공룡이 출현한 시기는 언제일까요? 그건 적어도 지금으로부터 2억 3000만 년 전인 '트라이아스기'라고 해요. 공룡은 그때부터 전성기인 '쥐라기'와 '백악기'를 거쳐 백악기 말에 멸종하기까지 1억 6000만 년 이상이나 지구와 생태계를 지배했어요. 공룡은 지금까지 지구상에 나타난 모든 생물 중에 가장 번성하고 다양하게 진화한 동물이에요.

 이렇게 말하면 우리 인간도 공룡에 뒤지지 않을 만큼 번영을 누리고 있다고 생각하는 사람이 있을 거예요. 그러면 인류의 역사를 살펴볼까요? 가장 오래된 인류인 '오스트랄로피테쿠스'까지 거슬러 올라가도 등장 시기가 불과 600만~700만 년 전이에요. 공룡이 생존한 시대와 그 기간을 비교하면 인류는 고작 25분의 1 정도밖에 안 되는 짧은 시간을 살았답니다.

 이렇게 비교해 보면 '공룡 시대'의 아득한 기간을 상상할 수 있겠지요? 그 오랫동안, 공룡은 다양한 형태로 진화했어요. 공룡의 진화는 생존의 역사이기도 하지요. 당시 지구는 약육강식의 세계였어요. 공룡은 경쟁자인 다른 동물

　을 이기기 위해서, 그리고 공룡끼리의 싸움에서 살아남기 위해서 저마다의 생존 무기를 갈고닦았어요. 어떤 무리는 몸을 크게 만들었고 어떤 무리는 갑옷으로 몸을 감쌌어요. 그리고 어떤 무리는 하늘로 진출하기도 했어요. 이 책을 읽는 여러분 중에는 이미 알고 있는 사람도 있겠지만, 오늘날 하늘을 나는 조류는 공룡의 일종인 '수각류'가 진화한 생물이라고 해요.
　맞아요. 공룡은 지금도 멸종하지 않고 살아 있어요. 이 책에는 많은 공룡 중에서 왜 조류로 진화한 소형 수각류만이 살아남았는지에 대한 힌트도 숨어 있어요. 개성 넘치는 공룡들의 모습을 그린 일러스트와 함께 공룡들의 생존을 건 위대한 이야기를 즐겨 주길 바라요.

공룡의 세계로 초대합니다!

공룡이 지구를 지배한 '중생대'

중생대는 공룡이 탄생한 '트라이아스기', 공룡이 번성한 '쥐라기', 공룡이 멸종한 '백악기' 총 세 시기로 나뉘어요.

중생대									
	트라이아스기						쥐라기		
페름기 말 대멸종 2억 5200만 년 전	어룡 출현 2억 4800만 년 전	지배파충류(주룡류)의 종 증가 2억 3500만 년 전	공룡의 육지 출현 2억 3000만 년 전	포유류 등장 2억 2500만 년 전	트라이아스기 말 대멸종 2억 130만 년 전	목이 긴 거대한 용각류 출현 1억 9500만 년 전	날카로운 이빨을 가진 플리오사우르스류 등장 1억 9000만 년 전

▲ 에오랍토르
가장 오래된 공룡의 하나. 이족 보행을 하며 민첩하게 달릴 수 있어요.

▲ 코엘로피시스
소형 육식 공룡. 무리 지어 생활하며 함께 사냥한 최초의 공룡이에요.

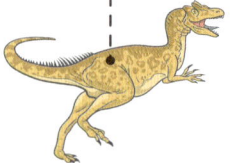

▲ 알로사우루스
쥐라기 초대형 육식 공룡. 머리뼈가 발달해 생긴 눈 위의 뿔이 특징이지요.

지질 시대

지구의 탄생 이래 암석과 지층에 남아 있는 기록으로 추측하는 시대 분류

선캄브리아 시대			고생대						중생대			신생대						
생명의 탄생	다세포 생물의 출현	에디아카라기	캄브리아기	오르도비스기	실루리아기	데본기	석탄기	페름기	트라이아스기	쥐라기	백악기	고제3기			신제3기		제4기	
												효신세	시신세	점신세	중신세	선신세	홍적세	충적세
42억~38억 년 전	10억 년 전(추정)	6억 3500만 년 전	5억 4100만 년 전	4억 8540만 년 전	4억 4380만 년 전	4억 1920만 년 전	3억 5890만 년 전	2억 9989만 년 전	2억 5190만 년 전	2억 130만 년 전	1억 4550만 년 전	6600만 년 전	5600만 년 전	3390만 년 전	2303만 년 전	533만 년 전	258만 년 전	1만 2000년 전

쥐라기			백악기						
대륙으로 분열	로라시아 대륙과 곤드와나 1억 8000만 년 전	조류의 조상인 시조새 출현 1억 5000만 년 전	대륙이 분열	남아메리카 대륙과 아프리카 1억 4000만 년 전	속씨식물이 등장 1억 3000만 년 전	단공류(난생 포유류)가 등장 1억 1500만 년 전	용각류 서식 가장 무게가 많이 나가는	1억 1200만 년 전	6600만 년 전 운석 충돌로 대량 멸종

▲ **아파토사우루스**
가늘고 긴 이빨을 가진 대형 초식 공룡. 긴 목과 꼬리가 가장 큰 특징이에요.

▲ **스테고사우루스**
머리와 뇌가 작고 등에 여러 개의 골판을 가진 초식 공룡입니다.

▲ **티라노사우루스**
대형 육식 공룡. 턱의 힘도 공룡 중에 가장 강했어요.

공룡의 세계로 초대합니다!
공룡의 진화와 종류

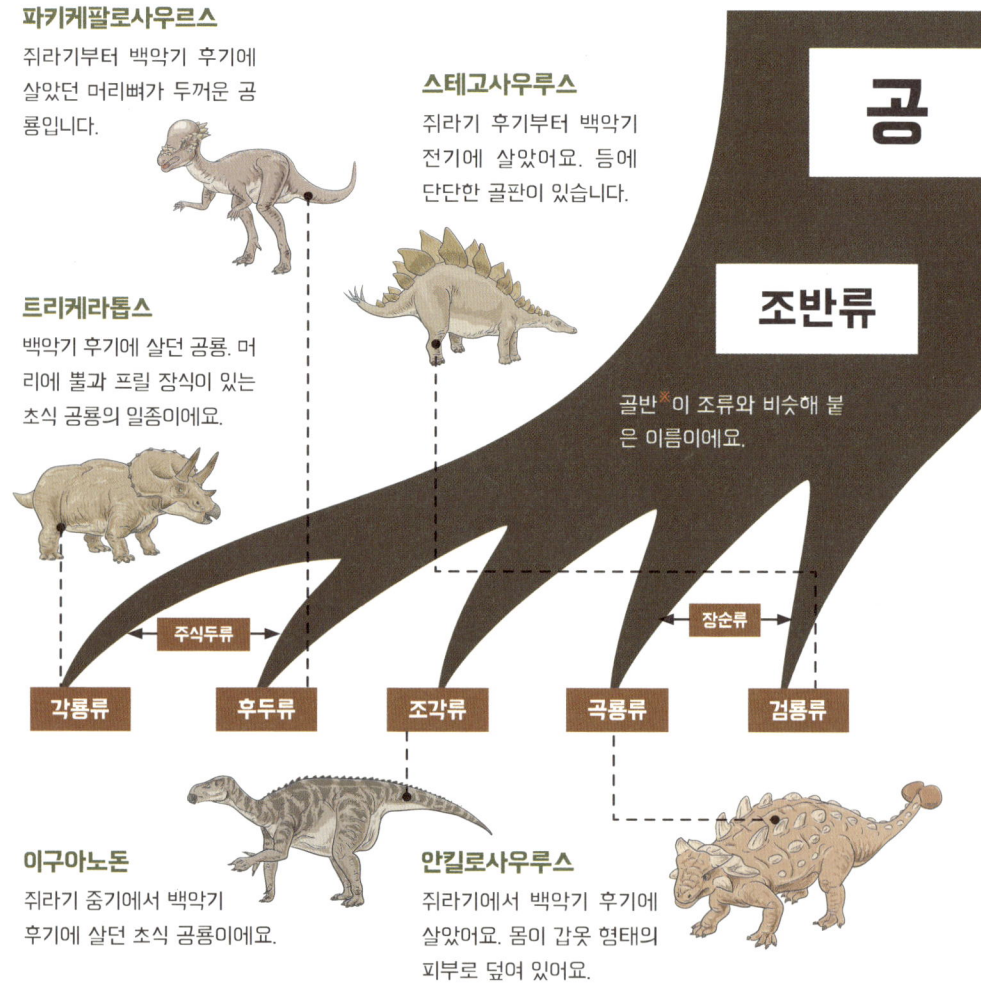

파키케팔로사우르스
쥐라기부터 백악기 후기에 살았던 머리뼈가 두꺼운 공룡입니다.

스테고사우루스
쥐라기 후기부터 백악기 전기에 살았어요. 등에 단단한 골판이 있습니다.

트리케라톱스
백악기 후기에 살던 공룡. 머리에 뿔과 프릴 장식이 있는 초식 공룡의 일종이에요.

골반*이 조류와 비슷해 붙은 이름이에요.

공 / 조반류

각룡류 — 주식두류 — 후두류 — 조각류 — 곡룡류 — 장순류 — 검룡류

이구아노돈
쥐라기 중기에서 백악기 후기에 살던 초식 공룡이에요.

안킬로사우루스
쥐라기에서 백악기 후기에 살았어요. 몸이 갑옷 형태의 피부로 덮여 있어요.

※ 골반 … 상반신과 하반신을 잇는 허리뼈를 가리켜요.

같은 조상에서 '용반류'와 '조반류'로 갈라져 진화했어요

트라이아스기에 있었던 '지배파충류'에서 '조반류'와 '용반류' 두 공룡 무리가 생겼어요. 조반류와 용반류는 골반 뼈의 형태로 구분해요. **조반류의 골반은 조류, 용반류의 골반은 도마뱀류와 비슷해서 붙은 이름**인데, 오늘날의 조류는 가장 진화한 '용반류' 공룡의 일종이에요. 대표 공룡을 살펴봐요.

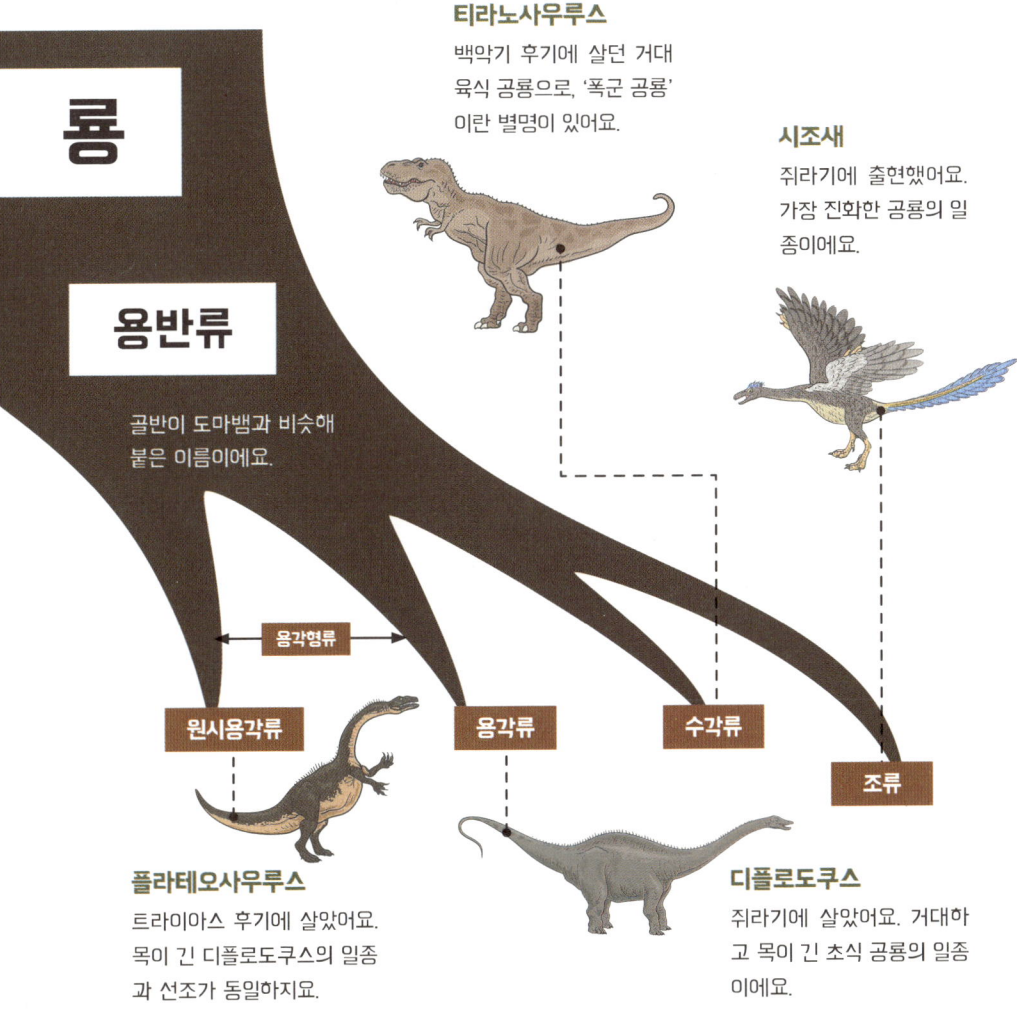

공룡의 종류 ① 수각류

케라토사우루스류

쥐라기 중기에서 후기에 서식한 수각류의 일종으로, 화석은 주로 남반구에서 발견되었어요. 이 무리에는 케라토사우루스와 엘라프로사우루스, 아벨리사우루스가 있어요.

◀ **코엘로피시스**

트라이아스기 후기에서 쥐라기 전기에 서식한 소형 육식 공룡. 진화 과정에서 케라토사우루스류와 테타누라류의 조상이 나뉘는 분기에 해당하는 수각류로 추정하고 있어요.

케라토사우루스 ▶

쥐라기 중기에서 후기에 걸쳐 북아메리카 대륙과 아프리카 대륙에 서식한 육식 공룡. 이름은 '뿔을 가진 도마뱀'이란 뜻으로, 코 위에 뿔이 있어요.

수각류의 특징

트라이아스기에 출현한 수각류는 이족 보행을 하고 대부분이 육식을 하는 특징이 있어요. 이 무리에는 소형 벨로키랍토르, 육지에서 생활하는 육식 동물 중 가장 큰 티라노사우루스나 스피노사우루스 등 다양한 종류가 속해요. 최근 연구에서는 수각류 대부분이 깃털을 가진 것으로 추정된답니다. 현재의 조류도 수각류의 일종이에요.

테타누라류

테타누라류는 알로사우루스나 티라노사우루스, 데이노니쿠스 등 유명한 육식 공룡이 포함된 무리로, 분류학상으로는 조류도 포함돼요. 두 발로 걸을 때 크게 휘지 않는 곧은 꼬리로 몸의 균형을 잡아요. 이름은 '단단한 꼬리를 가진 자'란 뜻이에요.

▼ 스피노사우루스류

쥐라기 후기에 나타나 백악기 전기에 가장 번성한 육식 공룡의 일종으로, 주로 물고기를 잡아먹었어요. 대체로 물속에서 생활한 것으로 보여요.

스피노사우루스

다 자라면 약 14미터나 되었다고 해요. 물고기를 먹는 공룡 중 가장 큰 공룡이에요. 높이 1.8미터나 되는 돛과 악어처럼 생긴 긴 턱이 특징이에요.

알로사우루스

쥐라기 후기에 번성한 대형 육식 공룡으로, 눈 앞쪽에 있는 삼각뿔이 특징이에요.

▲ 카르노사우루스류

쥐라기와 백악기에 서식한 대형 육식 공룡 무리. 카르노는 '육식'이라는 뜻이 있어요. 알로사우루스와 기가노토사우루스, 티라노티탄이 여기에 속해요.

코엘로사우루스류 ▶

쥐라기 중기에 출현한 소형 수각류의 일종. 세 개의 발가락을 가진 앞발과 가늘고 긴 꼬리가 특징이에요. 이 무리의 공룡이 깃털을 가진 개체로 진화했다고 추정해요.

티라노사우루스

백악기 육식 공룡. 대형 공룡에서도 깃털이 있는 화석이 발견되면서 현재는 티라노사우루스도 깃털이 있었을 것으로 추정해요.

공룡의 종류 ②
용각형류

원시용각류

트라이아스기에 출현한 초식 공룡의 일종으로, 쥐라기 전기에 멸종했어요. 긴 엄지발톱과 케라틴질 부리, 이족 보행 등이 특징이에요.

◀ 플라테오사우루스
트라이아스기 후기 유럽의 지층에서 화석이 발견된 원시적인 용각류예요. 주로 이족 보행을 했어요. 네 다리로 무거운 몸을 지탱하는 구조가 아니었어요.

약 8미터

용각형류의 특징

트라이아스기 후기부터 백악기 후기까지 전 세계에서 번성한 초식 공룡이에요. 아파토사우루스와 브라키오사우루스 등의 무리로, 머리가 작은 반면 몸통이 크고 목과 꼬리가 길다는 특징이 있어요. 처음에는 뒷다리만으로 걷다가 몸이 커지면서 사족 보행을 하게 된 것으로 추정해요. 대형 수각류의 먹잇감으로 표적이 되었어요.

용각류

쥐라기 전기에서 백악기 후기에 번영한 공룡 무리로, 가장 몸집이 컸어요. 백악기에 들어서면서 초식성 경쟁자인 조반류가 번성해 용각류 무리와 함께 살았어요.

약 25미터

◀ **브라키오사우루스**
쥐라기 후기에 출현한 초식 공룡. 앞다리가 뒷다리보다 길어 높은 곳에 있는 식물을 먹을 수 있어요. 이름은 '팔 도마뱀'이란 뜻이에요.

약 30미터

▲ **디플로도쿠스**
쥐라기 후기의 초식 공룡. 긴 꼬리를 채찍처럼 써서 몸을 보호했어요. 발자국 화석 등으로 보아 무리 지어 생활한 것으로 추정해요.

공룡의 종류 ③ 조반류

장순류

쥐라기에서 백악기 말까지 서식한 초식 공룡으로 조반류 공룡의 일종이에요. 장순류는 생명을 위협하는 육식 공룡에게서 몸을 지키기 위해 검룡류처럼 등에 골판과 가시 등이 나 있거나 곡룡류처럼 등이 몸을 감싸고 있어요.

▲ 스테고사우루스(검룡류)
쥐라기 후기에 서식한 초식 공룡이에요. 등에 뼈로 된 골판이 늘어선 것이 특징이에요. 피가 골판 속을 흐르며 체온 조절을 도왔다는 설이 있어요.

▲ 안킬로사우루스(곡룡류)
백악기 후기 초식 공룡이에요. 몸을 단단한 갑옷으로 감싸고, 꼬리 끝에 달린 큰 뼈 망치를 휘둘러 육식 공룡에게서 몸을 보호했어요.

조반류의 특징

허리뼈 아래에 있는 치골이 뒤로 길게 자란, 조류의 골반과 구조가 비슷한 무리예요. 대부분 입 끝이 부리 모양이에요. 쥐라기에서 백악기에 번성한 검룡류, 주로 백악기에 번성한 곡룡류, 쥐라기에서 백악기에 걸쳐 번성한 조각류, 백악기에 번영을 누린 각룡류와 후두류가 있어요. **검룡류와 곡룡류를 합쳐 장순류, 후두류와 각룡류를 합쳐 주식두류라고 해요.**

조각류

주로 이족 보행을 하는 초식 공룡 무리예요. 쥐라기 후기에서 백악기 후기까지 남극 대륙을 포함한 전 세계에 서식했어요. 힙실로포돈, 이구아노돈, 파라사우롤로푸스 등 여러 종류가 있어요.

▲ 이구아노돈
이빨이 수백 개나 있어서 풀을 잘게 씹어 짓이겨 먹었어요. 좌우로 움직일 수 있는 턱관절과 부리를 가졌어요.

주식두류

머리에 뿔과 프릴 장식이 있는 각룡류, 두개골이 두껍고 정수리가 부풀어 오른 후두류가 여기에 속해요. 쥐라기에 출현했으며 백악기 후기에 번성했어요.

▲ 파키케팔로사우루스
백악기 후기의 초식 공룡이에요. 예전에는 단단한 머리로 박치기를 해서 무리 내 순위를 결정했다고 보았지만, 현재는 이성을 유혹하기 위한 과시용이었다는 등 여러 설이 있어요.

◀ 트리케라톱스
백악기 후기의 초식 공룡으로, 백악기 말 최후의 공룡 무리 중 하나예요. 머리에 세 개의 뿔이 있어요.

> 공룡의 세계로 초대합니다!

프테라노돈과 모사사우루스는 공룡이 아니에요

익룡

트라이아스기 후기에 공룡과 같은 조상에게서 분리되어 나왔지만 공룡이 아닌 다른 무리예요. 크기가 작은 새부터 날개를 펼쳤을 때 10미터 이상이나 되는 큰 종까지 매우 다양해요. 대형 종으로는 프테라노돈과 케찰코아틀루스 등이 알려져 있어요.

▼ 프테라노돈

백악기 후기에 서식한 익룡이에요. 이름은 '날개는 있지만 이빨이 없다'라는 뜻이에요.

모사사우루스 ▶

백악기 후기에 바다에서 살았던 도마뱀으로, 일본 주변의 바다에도 서식했어요.

모사사우루스류

모사사우루스류는 뱀이나 도마뱀의 일종으로 추정된답니다. 마지막 공룡 시대인 백악기 후기에 바다 생태계에서 가장 무서운 포식자였어요.

수장룡

트라이아스기 후기에 출현해 쥐라기와 백악기에 걸쳐 번영을 누린 바다의 파충류예요. 목이 긴 플레시오사우루스류, 머리가 큰 폴리오사우루스류 등이 있어요.

▲ 플레시오사우루스

쥐라기에 서식한 수생 파충류예요. 이름은 '파충류에 가깝다'라는 뜻이랍니다.

▲ 이크티오사우루스

트라이아스기 후기부터 쥐라기 전기에 걸쳐 서식했어요. 돌고래 정도의 크기였어요.

어룡

트라이아스기 전기에 출현한 바다 파충류로, 돌고래 같은 모습이에요. 쥐라기에 번성했지만 백악기에 수장룡과 모사사우루스류에게 밀리고 말았어요.

하늘과 바다의 파충류는 공룡이 아니라고요?

공룡은 육상에서 직립 보행하는 파충류 무리를 가리키며, 공룡과 같은 시대를 살았던 그 이외의 파충류는 모두 공룡과는 다른 무리로 분류된답니다. 이 때문에 바다에 살았던 수장룡과 어룡, 모사사우루스류, 하늘을 나는 익룡 등은 공룡에 포함되지 않아요.

공룡의 세계로 초대합니다!

가장 큰 공룡은 몸길이가 35미터, 몸무게는 70톤! 가장 작은 공룡은 닭 정도 크기

건물처럼 거대한 공룡이 많아요!

용각류에는 거대종이 많아요. 목과 꼬리가 길고, 나무통을 떠올리게 하는 둥글고 퉁퉁한 몸통 때문에 현재의 고래처럼 거구를 자랑했어요. 가장 큰 종은 아르헨티나의 아르젠티노사우루스랍니다. 한국의 부경고사우루스 밀레니우미(106쪽 참고)나 일본의 단바티타니스(111쪽 참고)는 전체 길이가 10미터 이상이나 되었어요.

▲ **아르젠티노사우루스(73쪽 참고)**
아르헨티나에서 발견되었어요. 몸길이는 약 35미터, 몸무게 약 70톤으로 추정해요. 하지만 뼈의 일부만 발견되어 정확하게 알려지지 않은 부분도 많아요.

가장 작은 공룡의 몸무게는 겨우 500그램

수각류의 일종인 미크로랍토르는 크기가 현재의 닭 정도밖에 안 되는 작은 공룡이었어요. 깃털이 있어 하늘을 날거나 글라이더처럼 날개를 움직이지 않고 하늘에서 움직일 수 있었어요. 마치 진짜 새 같은 모습을 하고 새처럼 생활했어요.

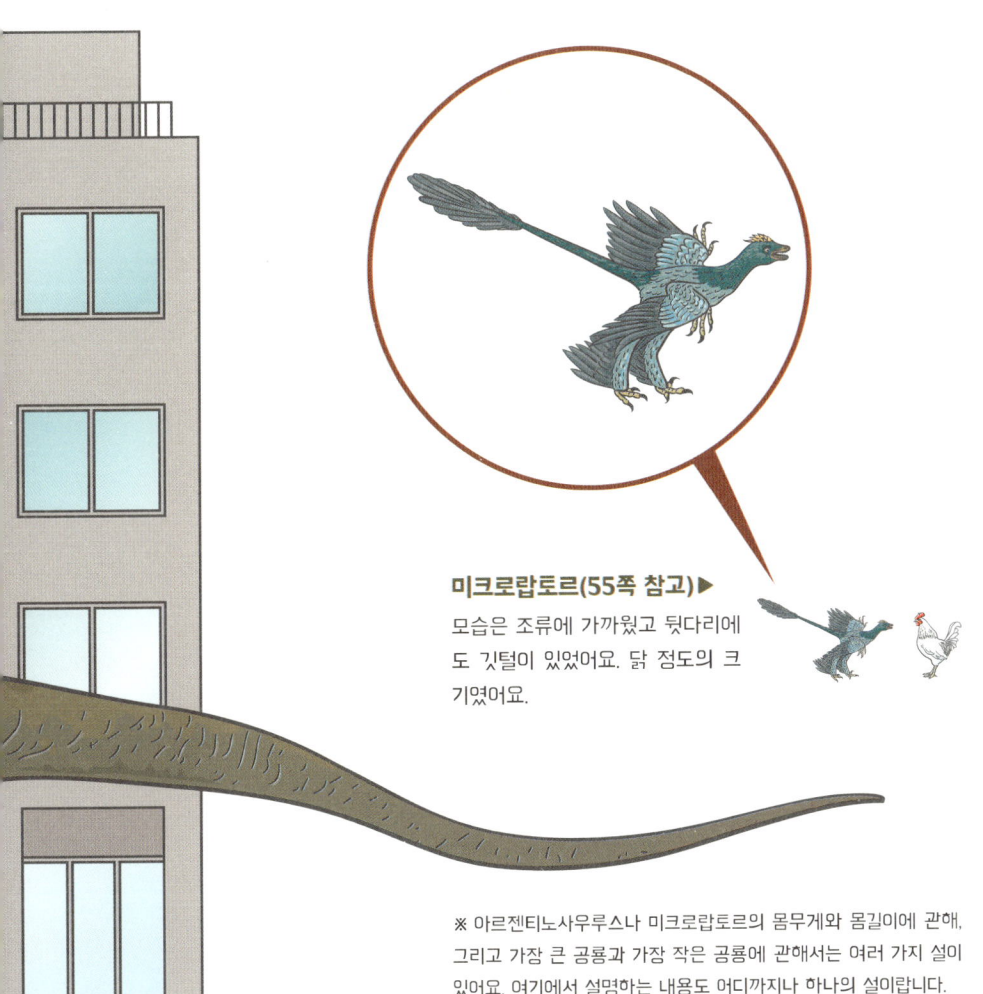

미크로랍토르(55쪽 참고)▶
모습은 조류에 가까웠고 뒷다리에도 깃털이 있었어요. 닭 정도의 크기였어요.

※ 아르젠티노사우루스나 미크로랍토르의 몸무게와 몸길이에 관해, 그리고 가장 큰 공룡과 가장 작은 공룡에 관해서는 여러 가지 설이 있어요. 여기에서 설명하는 내용도 어디까지나 하나의 설이랍니다.

공룡의 화석이 생기기까지

화석이 발견되기까지

오늘날에는 공룡을 '화석' 상태로만 볼 수 있어요. 그렇다면 이 화석은 어떻게 만들어졌을까요?

공룡이 죽으면 사체는 다른 동물에게 먹히거나 그대로 땅에 묻혔어요. 때로는 파도에 휩쓸려 바다 밑 진흙 속으로 가라앉기도 했어요.

흙 속에 파묻힌 사체에서 고기와 가죽, 털, 비늘은 박테리아 등에 의해 분해되고 대부분 뼈만 남았어요. 시간이 흘러 이 뼈 위에 계속해서 흙이 쌓이면서 큰 무게가 가해졌지요. 그렇게 압력이 커지면 묻혀 있던 뼈가 조금씩 주변의 흙이나 지하수 속 다른 물질로 바뀌기도 했어요. 한편, 뼈의 작은 틈새는 탄산칼슘이나 규산염 등의 광물로 채워지는 경우가 많아요.

화석이 만들어지기 위해서는 공룡의 사체가 어디에 묻혔는지도 크게 영향을 미쳐요. 물이 빠르게 흐르는 곳에서는 사체가 뿔뿔이 흩어지지만 느리게 흐르는 곳에서 바닥의 진흙 속으로 가라앉으면 드물게는 뼈 이외의 부드러운 조직까지 화석이 되기도 해요. 상태가 좋은 화석은 운 좋게 조건들이 갖춰져 현대 사람들 앞에 모습을 나타나는 것이랍니다.

공룡의 화석이 생기는 과정

❶ 물가에서 죽음을 맞아요

공룡이 물가에서 죽으면 고기나 가죽은 다른 동물에게 먹히고 사체는 진흙 속에 묻히게 돼요. 그리고 가장 마지막으로 박테리아가 사체를 분해하고 나면 골격만이 남아요.

❷ 지층 속에 파묻혀요

땅속에 묻힌 뼈에는 강한 압력이 가해지고, 긴 시간을 거치면서 주변의 지하수나 퇴적물 속 광물로 바뀌어 화석이 되어가요. 화석은 압력을 받아서 납작해지기도 해요.

❸ 지층 밖으로 노출돼요

화산 활동, 지진으로 지층이 크게 움직이는 '지각 변동'이나 기상 변화, 강물, 파도의 영향 등 '풍화 작용'으로 일부 화석이 점차 땅 밖으로 노출돼요.

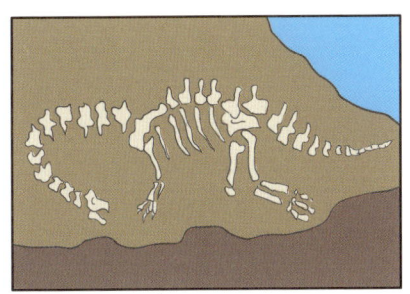

❹ 노출된 화석 발견

지층 밖으로 드러난 화석이 발견되어 발굴하고 연구해요. 단, 발견되는 화석은 일부분일 때가 많아요. 공룡의 화석은 오랜 시간이 지나면서 대부분 파괴되거나 더 깊은 곳에 묻혀 있어요.

차례

- ▶ 머리말 … 2
- ▶ 공룡이 지구를 지배한 '중생대' … 4
- ▶ 공룡의 진화와 종류 … 6
- ▶ 공룡의 종류 ① 수각류 … 8
- ▶ 공룡의 종류 ② 용각형류 … 10
- ▶ 공룡의 종류 ③ 조반류 … 12
- ▶ 프테라노돈과 모사사우루스는 공룡이 아니에요 … 14
- ▶ 가장 큰 공룡은 몸길이가 35미터, 몸무게는 70톤! 가장 작은 공룡은 닭 정도 크기 … 16
- ▶ 공룡의 화석이 생기기까지 … 18
- ▶ 이 책의 활용법 … 24

1장 공룡의 생활

- ▶ 약 2억 3000만 년 전에 등장한 최초의 공룡 … 26
- ▶ 가장 빠른 공룡은 자동차와 같은 속도로 달렸어요 … 28
- ▶ 공룡의 뇌는 아기의 뇌보다 작았어요 … 30
- ▶ 육아를 담당한 공룡들 … 32
- ▶ 하루에 10킬로그램 이상 몸무게가 늘어나는 공룡도 있어요 … 34
- ▶ 아시아에서 태어나 미국에서 대형화한 각룡류 … 36
- ▶ 약 4000만 년에 걸쳐 몸무게가 1,000배가 된 스테고사우루스 … 38
- ▶ 뇌가 두 개라고 오해받은 스테고사우루스 … 40
- ▶ 가장 큰 공룡의 몸길이는 대왕고래와 거의 같아요 … 42

- ▶ 아파토사우루스는
  목을 높이 들어 올리지 못했어요 46

- ▶ 브라키오사우루스는
  물속에서 생활하지 않았다 48

- ▶ 쥐라기 최강 공룡 알로사우루스는
  먹잇감을 이빨로 물고 뜯어 먹었어요 50

- ▶ 시조새는 날지 못했다는 설도 있어요 52

- ▶ 사실 새와 공룡은
  경계선이 명확하지 않아요 54

- ▶ 뿔, 가시, 채찍을 진화시켜
  육식 공룡에 대항한 초식 공룡 56

신기한 공룡 이야기 01 58

2장 공룡의 비밀

- ▶ 무리 지어 사냥을 한 육식 공룡이 있어요 60
- ▶ 육식 공룡이 대형화한 것은
  먹잇감이 거대해졌기 때문이에요 62
- ▶ 등지느러미가 1.8미터나 자란
  스피노사우루스 64
- ▶ 티라노사우루스는 발이 느렸어요 66
- ▶ 티라노사우루스의 앞발이 작은 이유는
  머리가 큰 탓! 68

신기한 공룡 이야기 02 70

- ▶ 낫 모양의 거대한 발톱을 가진 공룡 71
- ▶ 역사상 가장 큰 공룡은
  몸무게가 여객기 정도였어요 72
- ▶ 혹과 가시, 탱크 같은 두꺼운 갑옷으로
  몸을 보호한 곡룡 74
- ▶ 꼬리 끝의 해머로 적을 물리친
  안킬로사우루스 76

- ▶ 박치기가 특기인 공룡   78
- ▶ 큰 뿔과 프릴로 적을 위협한 트리케라톱스   80
- ▶ 이족 보행과 사족 보행을 같이 한 공룡   82

신기한 공룡 이야기 03   84

- ▶ 손가락이 하나밖에 없는 공룡 알바레즈사우루스   85
- ▶ 이구아노돈이 진화한 오리 주둥이 공룡   86
- ▶ 타조처럼 발이 빠른 오르니토미무스   88

신기한 공룡 이야기 04   90

3장 지역별 공룡 지도

- ▶ 북아메리카의 공룡   92
- ▶ 유럽의 공룡   94
- ▶ 중국, 몽골의 공룡   96
- ▶ 남아메리카의 공룡   98
- ▶ 아프리카의 공룡   100
- ▶ 기타 지역의 공룡   102
- ▶ 한국의 공룡   104
- ▶ 일본의 공룡   108

신기한 공룡 이야기 05   112

4장 공룡 시대를 산 하늘과 바다의 파충류

- ▶ 가장 오래된 새보다 7000만 년이나 앞서 하늘을 지배했던 익룡   114
- ▶ 익룡의 수가 갑자기 줄어든 이유는 공룡의 진화 때문이었어요   116

- ▶ 가장 큰 익룡이 날개를 펼치면 대형 버스의 길이와 거의 같아요 118
- ▶ 일본에서 발견된 가장 오래된 어룡 우타츠사우루스 120

신기한 공룡 이야기 06 121

- ▶ 수장룡의 조상은 바다로 진출한 도마뱀이었어요 122
- ▶ 목이 전체 길이의 절반 정도를 차지하는 수장룡이 있어요 124
- ▶ 수장룡끼리 싸운 흔적이 화석으로 남았어요 126
- ▶ 일본 최초의 수장룡 화석은 고등학생이 발견했어요 128

신기한 공룡 이야기 07 129

- ▶ 앞서서 돌고래의 형태와 색을 띠었던 어룡 130
- ▶ 어룡을 멸종으로 내몰았던 난폭한 바다의 왕자 모사사우루스 132

신기한 공룡 이야기 08 134

5장 공룡의 뿌리에서 멸종까지

- ▶ 물속에서 땅 위로 진출한 공룡의 조상 136
- ▶ 라이벌의 멸종이 공룡의 번성을 가져왔어요 138
- ▶ 공룡의 대부분은 초식성으로 육식 공룡은 소수였어요 140
- ▶ 공룡의 몸은 깃털로 덮여 있었어요 142
- ▶ 대륙이 분열했기 때문에 다양한 종류의 공룡이 생겨났어요 144
- ▶ 운석 충돌에서 화산 분화까지 공룡 멸종 원인의 다양한 설 146

신기한 공룡 이야기 09 150

- ▶ 찾아보기 151
- ▶ 참고 문헌 156

이 책의 활용법

인기도
공룡을 좋아하는 친구들이 많지요? 친구들 사이에서 얼마나 인기가 높은지 나타냈어요. 인기도가 높은 공룡부터 살펴보는 것도 좋아요.

데이터
공룡 하나하나의 특징이나 기본 정보 외에 공룡 전체에 대한 내용을 이야기해요. 하나씩 잘 읽어 두면 똑똑한 공룡 박사가 될 수 있어요.

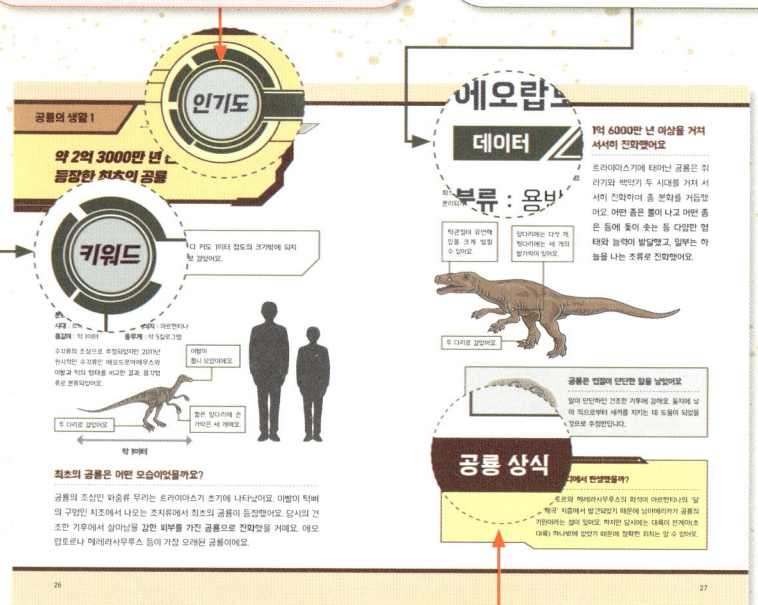

키워드
"이 공룡은?" 하면 바로 "이것!"이라고 할 수 있는 내용을 담았어요. 예를 들었듯이 에오랍토르는 '이족 보행'으로 유명해요.

공룡 상식
소개하는 공룡들의 기본 정보를 담았어요. 어떻게 분류되는지, 어느 시대에 어느 곳에서 살았는지는 물론이고 식성, 몸길이, 몸무게를 알려 주지요.

▶ 일러두기   공룡에 대한 내용은 2020년 7월 기준으로 작성하였습니다.

 1장

공룡의 생활

약 2억 3000만 년 전 아주 오랜 옛날, 이 지구 상에 나타난 공룡들은 대체 어떤 생활을 했을까요? 중생대 초기부터 중기의 공룡을 중심으로 실제 생활 모습을 살펴보아요.

공룡의 생활 1

약 2억 3000만 년 전에 등장한 최초의 공룡

키워드

이족 보행 — 최초의 공룡은 다 커도 1미터 정도의 크기밖에 되지 않았고 두 다리로 걸었어요.

에오랍토르

 데이터

분류 : 용반류, 용각형류 **식성** : 잡식
시대 : 트라이아스기 후기 **주요 서식지** : 아르헨티나
몸길이 : 약 1미터 **몸무게** : 약 5킬로그램

수각류의 조상으로 추정되었지만 2011년 원시적인 수각류인 에오드로마에우스와 이빨과 턱의 형태를 비교한 결과, 용각형류로 분류되었어요.

이빨이 톱니 모양이에요.

두 다리로 걸었어요.

짧은 앞다리에 손가락은 세 개예요.

약 1미터

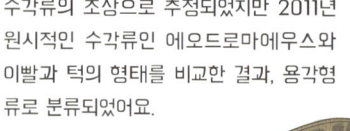

최초의 공룡은 어떤 모습이었을까요?

공룡의 조상인 파충류 무리는 트라이아스기 초기에 나타났어요. 이빨이 턱뼈의 구멍인 치조에서 나오는 조치류에서 최초의 공룡이 등장했어요. 당시의 건조한 기후에서 살아남을 강한 피부를 가진 공룡으로 진화했을 거예요. 에오랍토르나 헤레라사우루스 등이 가장 오래된 공룡이에요.

헤레라사우루스
데이터

- **분류**: 용반류
- **시대**: 트라이아스기 후기
- **몸길이**: 약 4.5미터
- **식성**: 육식
- **주요 서식지**: 아르헨티나
- **몸무게**: 약 200킬로그램

화석이 발견된 당시에는 용반목과 조반목으로 분리되기 전의 공룡으로 추정했어요.

1억 6000만 년 이상을 거쳐 서서히 진화했어요

트라이아스기에 태어난 공룡은 쥐라기와 백악기 두 시대를 거쳐 서서히 진화하며 종 분화를 거듭했어요. 어떤 종은 뿔이 나고 어떤 종은 등에 돛이 솟는 등 다양한 형태와 능력이 발달했고, 일부는 하늘을 나는 조류로 진화했어요.

- 턱관절이 유연해 입을 크게 벌릴 수 있어요.
- 앞다리에는 다섯 개, 뒷다리에는 세 개의 발가락이 있어요.
- 두 다리로 걸었어요.

공룡은 껍질이 단단한 알을 낳았어요

알이 단단하면 건조한 기후에 강해요. 둥지에 남아 적으로부터 새끼를 지키는 데 도움이 되었을 것으로 추정한답니다.

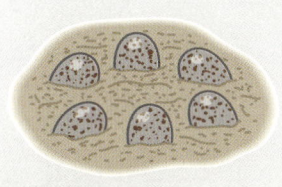

공룡 상식

공룡은 어디에서 탄생했을까?

에오랍토르와 헤레라사우루스의 화석이 아르헨티나의 '달의 계곡' 지층에서 발견되었기 때문에 남아메리카가 공룡의 기원이라는 설이 있어요. 하지만 당시에는 대륙이 판게아(초대륙) 하나밖에 없었기 때문에 정확한 위치는 알 수 없어요.

공룡의 생활 2

인기도

가장 빠른 공룡은 자동차와 같은 속도로 달렸어요

키워드

발자국 화석 공룡의 발자국 화석을 분석하면 걷는 속도와 생활까지 알 수 있어요.

브라키오사우루스
시속 18킬로미터

티라노사우루스
시속 23킬로미터

스테고사우루스
시속 7킬로미터

이구아노돈
시속 16킬로미터

공룡의 발자국으로 보행 속도를 알 수 있어요

화석은 뼈뿐 아니라 발자국도 많이 발견되었어요. 발자국 화석의 크기나 보폭 등으로 허리의 높이나 다리 길이, 보행 속도 등을 추측해요. 최근에는 컴퓨터로 복잡한 계산도 가능해져 다리 근육의 굵기나 길이 등도 알 수 있어요.

갈리미무스
시속 43~58킬로미터

트리케라톱스
시속 26킬로미터

데이노니쿠스
시속 29~42킬로미터

공룡의 보행 속도를 계산하는 방법

발자국 화석으로 보행 속도를 계산하는 방법은 현대의 포유류나 조류를 관찰하고 그 결과로 추정했어요. 단, 이 방법으로 나타난 속도는 연구한 사람에 따라 수치가 달라지기도 해요. 앞으로 연구가 더 많이 진행되면 근육의 움직임이나 달리는 자세 등도 알 수 있고 정확한 속도를 측정할 수 있을 거예요.

인간
(단거리 주자)
시속 37킬로미터

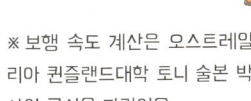

※ 보행 속도 계산은 오스트레일리아 퀸즐랜드대학 토니 술본 박사의 공식을 따랐어요.

공룡 상식

발자국 화석으로 알 수 있는 공룡의 생활

발자국으로 속도만 알 수 있는 것은 아니랍니다. 오스트레일리아에서 발견된 화석으로 대형 공룡의 모습을 추측해 냈어요. 대형 공룡이 천천히 물가로 다가가 160마리나 되는 소형 공룡을 쫓아 달리기 시작한 모습이었지요. 이런 공룡의 생활도 발자국만으로 알 수 있답니다.

공룡의 뇌는 아기의 뇌보다 작았어요

키워드

뇌의 크기

뇌는 공룡의 종류에 따라 크기나 지능의 발달 정도가 각각 달랐어요.

티라노사우루스 뇌 440그램
몸무게 6,000~8,000킬로그램

갓난아기의 뇌 무게는 약 400그램이에요.

아프리카 코끼리 뇌 5,700그램
몸무게 6,700킬로그램

공룡으로는 가장 큰 무게의 뇌를 가진 티라노사우루스

뇌는 쉽게 부패해서 화석으로 남지 않아요. 다행히 두개골은 남아 있어 그 크기를 조사하면 뇌의 크기도 알 수 있지요. 공룡으로는 뇌가 가장 컸던 티라노사우루스도 무게는 440그램 정도로 사람과 비교하면 작은 편이었어요. 대형 공룡은 대뇌 부분이 발달하지 않아 뇌가 가늘고 길었지만 후각신경구(후각을 담당하는 부분)가 발달한 점은 파충류와 비슷해요.

공룡의 뇌는 종류에 따라 무게가 달랐어요

가장 큰 공룡에 속했던 브라키오사우루스의 뇌는 티라노사우루스보다 작은 220그램 정도였어요. 스테고사우루스의 뇌는 호두알 정도의 크기로, 23그램밖에 되지 않았어요. 한편 마니랍토라류인 트로오돈의 뇌는 45그램으로 오늘날 타조의 뇌와 비슷한 무게였어요. 그 형태는 대뇌 반구가 부풀어 후각 신경구가 퇴화했고 시엽(시각을 담당하는 부분)이 발달한 모양으로, 파충류보다는 원시 조류에 가까워요.

알로사우루스 뇌 200그램
몸무게 2,000킬로그램

스테고사우루스 뇌 23그램
몸무게 2,000킬로그램

브라키오사우루스 뇌 220그램
몸무게 20톤 이상

트로오돈 뇌 45그램
몸무게 50킬로그램

새에 가장 가까운 종 중 하나로 알려진 트로오돈의 뇌는 작은 몸에 비해 크고 발달했어요.

공룡 상식

트로오돈은 낚시도 하고 교육도 했다?

트로오돈은 공룡 중에서도 특히 지능이 뛰어났다고 해요. 나무 열매를 눈 속에 묻어 보존하거나 감에 곤충을 띄워 놓고 접근한 물고기를 잡았다는 설이 있어요. 또한 어미가 새끼에게 사냥을 가르쳤다고 주장하는 연구자도 있어요.

공룡의 생활 4

육아를 담당한 공룡들

알을 품었어요

공룡은 보금자리를 만들어 알을 따뜻하게 품고, 새끼를 돌봐서 자손을 남겼어요.

마이아사우라

데이터

분류 : 용반류 **식성** : 초식
시대 : 백악기 후기 **주요 서식지** : 아메리카 대륙
몸길이 : 약 7미터 **몸무게** : 약 2.5톤

발견된 둥지의 화석에는 20센티미터 정도의 알이 30개나 있었어요. 악어 둥지처럼 알들을 중심에 묻었어요.

어린 마이아사우라를 발견했어요

마이아사우라의 화석을 발굴한 미국의 고생물학자 존 호너는 알에서 부화한 지 얼마 안 된 어린 마이아사우라 화석의 이빨이 닳아 있는 점을 보고 어미가 먹이를 가져와 새끼를 키웠다고 주장했어요. 마이아사우라와 같은 하드로사우루스과 공룡은 같은 무리끼리 집단을 형성하여 둥지를 지었을 것으로 추정해요.

도넛 모양의 둥지에서 길이 2.5미터나 되는 날개로 적으로부터 알을 보호했을 거예요.

데이노케이루스

데이터

- **분류** : 용반류, 조각류
- **시대** : 백악기 후기
- **몸길이** : 약 11.5미터
- **식성** : 잡식
- **주요 서식지** : 몽골
- **몸무게** : 약 5톤

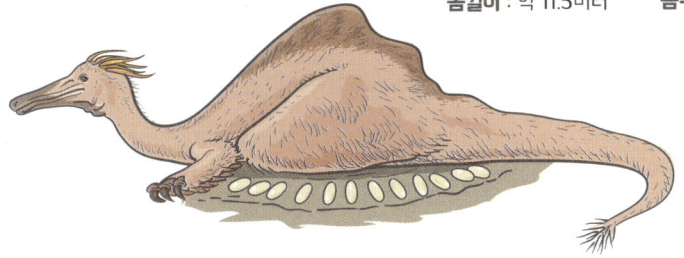

알을 품은 상태의 공룡 화석이 발견되었어요

2011년, 몽골에서 약 12개월 된 프로토케라톱스 새끼들이 있는 화석이 발견되었어요. 약 7500만 년 전의 이 둥지는 15마리의 새끼들이 모여서 생활한 것으로 보여요. 이 집단 화석은 공룡이 육아를 한 증거이기 때문에 많은 학자가 주목했어요.

알을 품고 있는 오비랍토르 수컷의 화석도 발견되었어요. 공룡 중에는 수컷이 알을 품는 종류가 있었어요.

오비랍토르

데이터

- **분류** : 용반류, 수각류
- **시대** : 백악기 후기
- **몸길이** : 약 1.6미터
- **식성** : 잡식(추정)
- **주요 서식지** : 몽골
- **몸무게** : 약 22킬로그램

공룡 상식

육아가 생존율을 높인다

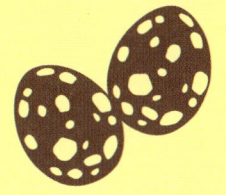

트로오돈(31쪽 참고)이나 키티파티(142쪽 참고)가 날개로 알을 품은 것으로 보이는 화석이 발견되었어요. 조류로 진화한 소형 수각류가 다른 공룡이 멸종한 후에도 살아남은 것은 이런 열정적인 육아와 관련이 있을지도 몰라요.

공룡의 생활 5

인기도

하루에 10킬로그램 이상 몸무게가 늘어나는 공룡도 있어요

키워드

진화 — 공룡은 몸을 크게 만들기 위해 몸의 형태나 능력을 다양하게 발달시켰어요.

초식 공룡이 거대해진 이유 ①
자기방어를 위해

몸이 거대해지면 육식 공룡이 공격하기 어려워했기 때문에 자기방어를 위해 몸을 키웠어요.

초식 공룡이 거대해진 이유 ②
먹이를 얻고 많은 자손을 남기기 위해

몸이 커지면 보폭도 넓어져서 넓은 지역을 이동할 수 있어요. 자손을 남기기 위한 짝짓기 상대를 찾는 데도, 먹이를 얻는 데도 유리했어요.

왜 몸을 크게 만들어야 했을까요?

초식 공룡이 커지면 적이 두려워 다가가지 못해요. 그리고 높은 나무에 무성하게 달린 나뭇잎도 먹기 쉬워지고 보폭이 커져 장거리 이동도 가능해졌어요. 한편, 육식 공룡은 몸이 크면 먹잇감을 사냥하기 쉽다는 장점이 있어요.

공룡의 경이로운 성장 속도

공룡의 성장 속도는 매우 빨라서 거대한 초식 공룡의 새끼는 하루 최대 10킬로그램, 티라노사우루스는 1년에 700킬로그램 이상 몸무게가 증가했다고 해요. 공룡은 자신의 몸을 크게 만들기 위해 몸의 형태나 능력을 계속 진화시켰어요.

공룡이 거대해질 수 있었던 이유 ①
호흡기가 대형화에 적합했어요

큰 몸을 유지하려면 산소를 많이 흡수해 체내 세포가 활동할 수 있어야 하는데, 대부분의 공룡은 산소를 효율적으로 흡수할 수 있는 기낭*이 있었어요.

※ 기낭…공기를 채운 주머니로 조류와 곤충에게 있어요. 몸을 공중에 뜨게 할 때도 도움이 돼요.

기낭의 구조

숨을 들이마실 때
기낭에 공기를 채우고 나서 허파로 보내요.

숨을 내뱉을 때
허파에서 흡수한 공기를 다른 기낭으로 보내요.

이렇게 허파 속 공기를 한 방향으로 흐르게 하면 거대한 몸에 충분한 산소를 공급할 수 있어요.

공룡이 거대해질 수 있었던 이유 ②
골격이 대형화에 적합했어요

기낭과 같은 공기 주머니가 공룡의 몸 속에 있었고 이것으로 뼈도 가볍게 만들었어요.(공기뼈 또는 함기골이라고 해요.) 몸이 커져도 뼈는 그만큼 무거워지지 않아 부담이 줄었지요.

공룡 상식

거구를 지탱한 현수교 구조를 한 몸

사족 보행을 하는 거대 초식 공룡도, 이족 보행을 하는 육식 공룡도 길게 뻗은 등뼈가 중심을 잡아 주어 허리 앞뒤로 몸무게를 분산하는 현수교 구조의 골격을 가지고 있어요. 그 덕분에 균형을 잘 맞추면 거대한 몸을 효율적으로 지탱할 수 있어요.

공룡의 생활 6

아시아에서 태어나 미국에서 대형화한 각룡류

대륙 이동

각룡류는 육교(과거에 대륙이나 섬 사이를 연결한 육지)를 건너 아시아에서 아메리카 대륙으로 진출한 이후 환경에 맞춰 몸이 진화했어요.

백악기 대륙의 모습

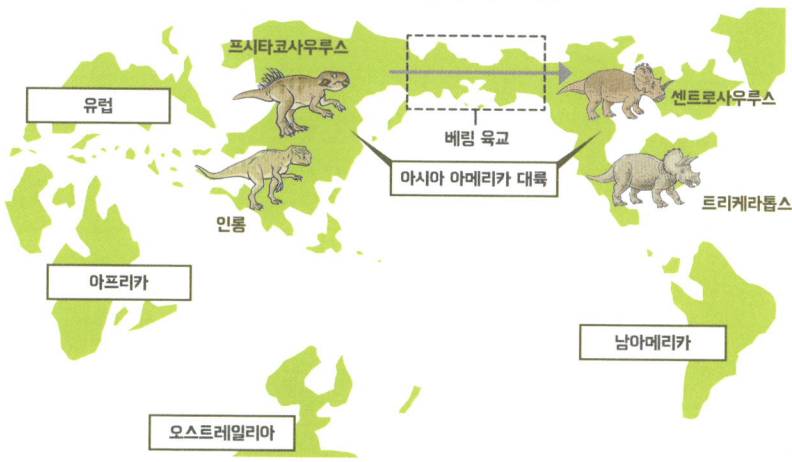

베링 육교로 공룡이 대이동했어요

대륙은 땅속 깊이 녹아 있는 암석 '맨틀'을 타고 이동해서 위치나 모양이 달라졌어요. 아시아 대륙과 북아메리카 대륙은 백악기 후기에 베링 육교로 이어져 있었어요. 화석의 수를 보면 각룡류의 조상이 아시아 대륙에서 태어나 이 육교를 건너 아메리카 대륙으로 이동했을 것으로 추정해요. 북아메리카에서 번성한 티라노사우루스의 조상 화석도 중국과 몽골에서 발견되었어요.

◀ 인롱
몸길이 약 1.2미터

쥐라기 후기의 원시적인 각룡으로, 아직까지는 이족 보행을 하며 뿔이 없어요.

◀ 프시타코사우루스
몸길이 약 1.8미터

백악기 전기에 서식. 이족 보행을 하며 뿔도 프릴도 없어요.

◀ 주니케랍토스
몸길이 약 3.5미터

백악기 후기에 서식. 북아메리카 대륙에서는 가장 오래된 각룡의 일종이에요.

◀ 센트로사우루스
몸길이 약 6미터

백악기 후기에 서식. 코뿐만 아니라 프릴의 가장자리에 뿔이 있어요.

◀ 트리케라톱스
몸길이 약 9미터

백악기 후기의 가장 마지막 시기에 번성한 가장 유명한 각룡. 중생대가 끝나면서 멸종했어요.

용각류는 북아메리카에서 몸집이 커졌어요

용각류의 조상은 육교를 거쳐 북아메리카 대륙으로 이동하고 그곳에서 환경에 맞게 진화했어요. 다양한 종류로 나뉘고 몸도 커졌는데 그중에서도 백악기의 마지막에 등장한 트리케라톱스는 대형화하여 넓은 지역에서 번성했어요. 후에 아시아에서 발달한 포유류도 육교를 건너서 북아메리카로 이동한 것으로 보여요.

공룡 상식

공룡 베이비시터가 있었다?

중국에서 발견된 프시타고사우루스의 화석은 둥지에 34마리의 새끼가 모여 있는 형태로 발견되었어요. 그중에는 다른 새끼보다 큰 한 마리가 끼어 있었는데 새끼들의 어미이거나 베이비시터였을 가능성이 있다고 해요.

공룡의 생활 7

인기도

약 4000만 년에 걸쳐 몸무게가 1,000배가 된 스테고사우루스

키워드 — **시간이 흐르며 거대화**

조반류는 소형종이 많았지만 골판을 가진 스테고사우루스의 조상은 시간이 지나면서 몸이 커졌어요.

스쿠텔로사우루스
데이터

- **분류** : 조반류, 장순류 **식성** : 초식
- **시대** : 쥐라기 전기 **주요 서식지** : 북아메리카
- **몸길이** : 약 1.3미터 **몸무게** : 약 10킬로그램

초기 장순류. 등에 뼈가 자라 형성된 가시가 약 200개나 있어요. 이족 보행을 한 것으로 추정해요.

스켈리도사우루스
데이터

- **분류** : 조반류, 장순류 **식성** : 초식
- **시대** : 쥐라기 전기 **주요 서식지** : 유럽
- **몸길이** : 약 3.8미터 **몸무게** : 약 270킬로그램

뒷다리가 매우 튼튼해요. 몸무게도 많이 나가 네 다리로 걸었어요. 스쿠텔로사우루스에서 시작해 400만 년 만에 여기까지 진화했어요.

1.3미터

3.8~4미터

거대화한 스테고사우루스의 조상

조반류 공룡은 쥐라기 동안 거의 발달하지 않았고 대부분 몸이 작았어요. 그런데 **스쿠텔로사우루스에서 진화한 골판 공룡인 장순류 무리가 빠르게 대형화에 성공했어요**. 적에게서 몸을 보호하는 능력이 뛰어나서였는지는 모르지만 쥐라기 후기에는 거대한 스테고사우루스로까지 진화했어요.

약 3900만 년에 걸쳐 거대화한 스테고사우루스

스쿠텔로사우루스는 400만 년이란 시간 동안 스켈리도사우루스로, 그리고 약 3900만 년 뒤에는 약 6~8미터나 되는 스테고사우루스로 진화했어요. 크기로 보면 가장 커진 장순류예요. 목이 짧아 머리가 닿는 높이는 지면에서 2~3미터 정도이기 때문에 키가 크지 않은 소철나무 잎을 먹은 것으로 추정해요.

스테고사우루스

데이터

- **분류**: 조반류, 검룡류
- **식성**: 초식
- **시대**: 쥐라기 후기
- **주요 서식지**: 북아메리카
- **몸길이**: 약 6~8미터
- **몸무게**: 약 3.5톤

큰 골판은 왜 있었을까요?

등에 있는 골판 화석의 표면에는 혈관의 흔적이 남아 있어요. 그래서 골판을 태양 쪽으로 향하게 하면 피가 빨리 따뜻해져 아침에 바로 활동할 수 있었다는 설도 있어요.

몸길이는 스켈리도사우루스의 약 두 배예요. 꼬리 끝에는 좌우 두 개씩 스파이크(가시)가 있었어요. 무리 지어 행동한 것으로 추정해요.

6~8미터

공룡 상식

'커다란 골판'의 의미에 대한 또 다른 설

스테고사우루스의 등에 있는 골판은 암컷에게 잘 보이기 위한 장식이란 설도 있어요. 골판에는 혈관이 지나기 때문에 흥분하면 색도 변했을 거예요. 액정 패널처럼 색이 변하는 멋진 골판으로 암컷을 유혹했을지도 몰라요.

공룡의 생활 8

뇌가 두 개라고 오해받은 스테고사우루스

설의 변화

연구가 진행됨에 따라 공룡의 몸에 관한 사실이 조금씩 밝혀졌고 지금까지의 설이 바뀌기도 했어요.

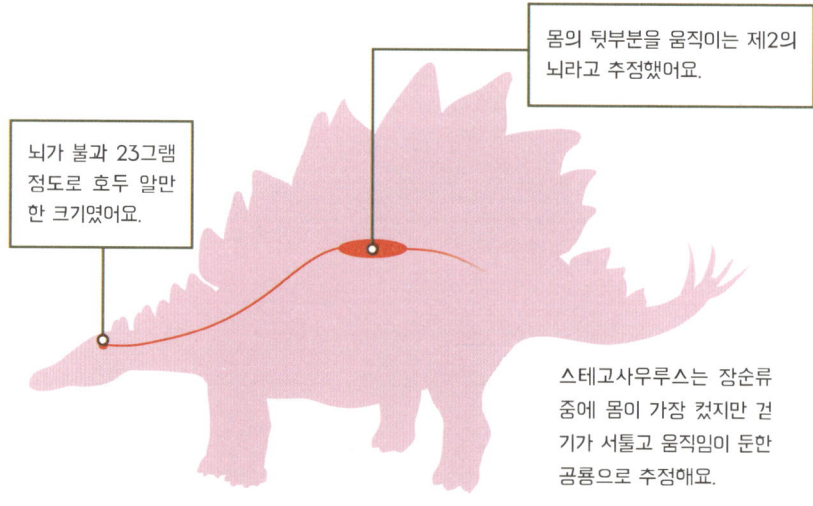

몸의 뒷부분을 움직이는 제2의 뇌라고 추정했어요.

뇌가 불과 23그램 정도로 호두 알만 한 크기였어요.

스테고사우루스는 장순류 중에 몸이 가장 컸지만 걷기가 서툴고 움직임이 둔한 공룡으로 추정해요.

과거에는 주류였던 '두 개의 뇌' 설

스테고사우루스의 뇌는 호두 크기 정도밖에 안 돼요. 이 때문에 과거에는 등뼈 한가운데를 지나는 관의 커다란 공간에 작은 뇌를 보조하는 '제2의 뇌'가 있을 거라고 생각했어요. 하지만 연구가 진행된 오늘날에는 등의 빈 공간에는 조류에도 있는 글리코겐체(신경에 영양을 공급하는 기관)가 있었을 것이라고 해요.

다양한 형태로 변화한 스테고사우루스의 무리

스테고사우루스로 대표되는 검룡류는 대부분이 쥐라기에 서식했어요. 이 무리는 몸을 크게 키워 체온을 조절하거나 방어하고, 같은 무리를 알아보기 위해 여러 형태의 골판과 가시를 가진 독특한 모습으로 진화했어요.

켄트로사우루스
데이터

분류 : 조반류, 검룡류   **식성** : 초식
시대 : 쥐라기 후기
주요 서식지 : 아프리카(탄자니아)
몸길이 : 약 4미터   **몸무게** : 약 0.7~1톤

등의 골판은 두 줄로 늘어서 있으며 허리 부근에서 가늘게 뻗은 가시로 변해요.

다켄트루루스
데이터

분류 : 조반류, 검룡류   **식성** : 초식
시대 : 쥐라기 후기   **주요 서식지** : 유럽
몸길이 : 약 8미터   **몸무게** : 약 5톤

대형 검룡류. 목에 작은 골판이 두 줄로 늘어서 있고 허리부터는 두 줄의 스파이크가 꼬리 끝까지 솟아 있어요.

미라가이아
데이터

분류 : 조반류, 검룡류   **식성** : 포르투갈
시대 : 쥐라기 후기
주요 서식지 : 아프리카(탄자니아)
몸길이 : 약 6.5미터   **몸무게** : 약 2톤

스테고사우루스의 목뼈는 10개였지만 미라가이아의 긴 목에는 17개나 되는 뼈가 있어요. 등의 골판은 그다지 크지 않아요.

공룡 상식

고질라의 등지느러미는 스테고사우루스의 골판

세계적으로 유명한 괴수 중에는 일본의 영화 캐릭터인 '고질라'가 있어요. 1954년에 만들어진 고질라의 디자인은 당시 이구아노돈을 복원한 그림을 모델로 했는데 등의 지느러미는 스테고사우루스의 골판을 따라 한 것이라고 해요.

공룡의 생활 9

가장 큰 공룡의 몸길이는 대왕고래와 거의 같아요

용각류의 거대화

공룡 중에서도 가장 큰 체격을 자랑하는 용각류 무리는 다양한 이유로 몸이 커졌지요.

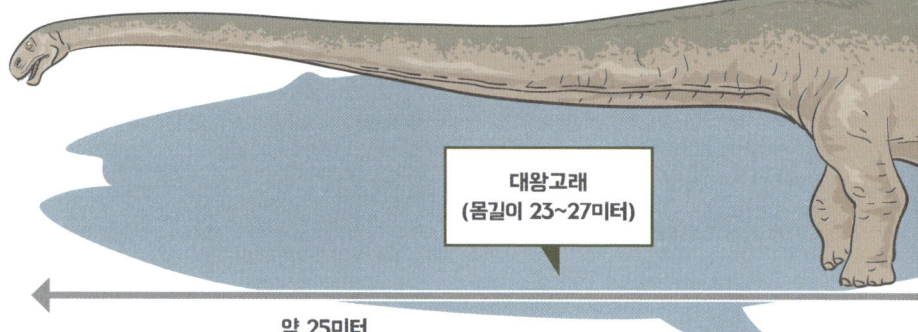

대왕고래
(몸길이 23~27미터)

약 25미터

마멘키사우루스

데이터

분류 : 용반류, 용각류
시대 : 쥐라기 중기~후기
몸길이 : 약 25미터
식성 : 초식
주요 서식지 : 중국
몸무게 : 약 18~20톤

용각류는 몸집이 커지면서 목과 꼬리가 길어졌어요. 마멘키사우루스는 대왕고래와 크기가 거의 같았어요.

4~7배나 몸을 키운 용각류 무리

쥐라기 전기에 나타난 최초의 용각류인 불카노돈의 몸길이는 6미터 정도였어요. 쥐라기 후기에 이르기까지 약 5000만 년이 지난 뒤에는 전체 길이가 약 25미터나 되는 초대형 마멘키사우루스가 등장했어요. 용각류는 크기가 네 배나 커졌어요. 두 공룡의 크기는 어른과 아이만큼 차이가 난답니다.

거대화의 장점

용각류가 몸이 커진 이유는 세 가지예요. 우선 몸이 크면 체온이 잘 내려가지 않아 오랫동안 활동할 수 있어요. 그리고 목이 길면 높은 곳이나 먼 곳에 있는 식물도 먹을 수 있지요. 큰 몸을 보고 육식 공룡이 쉽게 덤벼들지 못하게 하려는 목적도 있었어요.

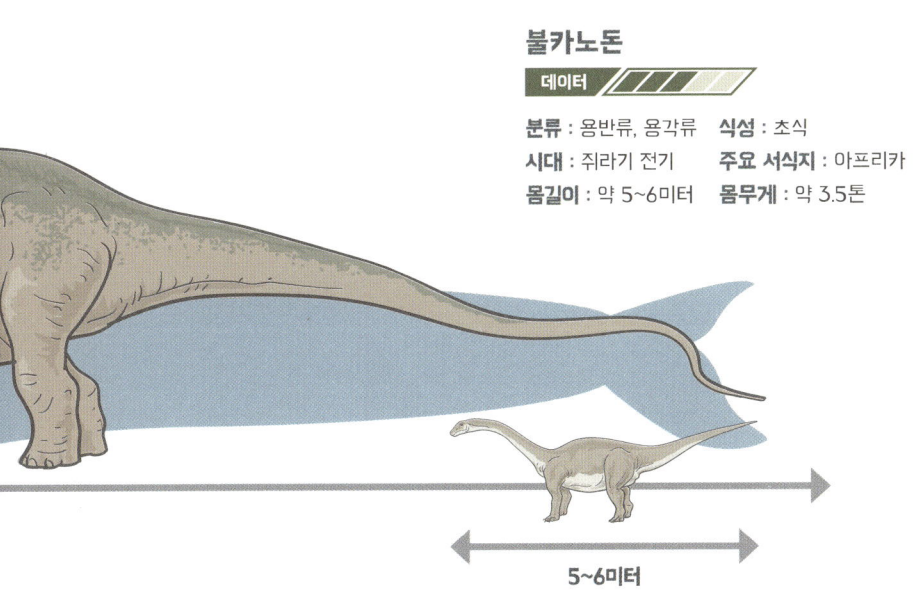

불카노돈

데이터

분류 : 용반류, 용각류 **식성** : 초식
시대 : 쥐라기 전기 **주요 서식지** : 아프리카
몸길이 : 약 5~6미터 **몸무게** : 약 3.5톤

5~6미터

몸통이 크고 땅딸막하며 용각류 중에서도 특히 긴 앞다리가 특징이에요.

공룡 상식

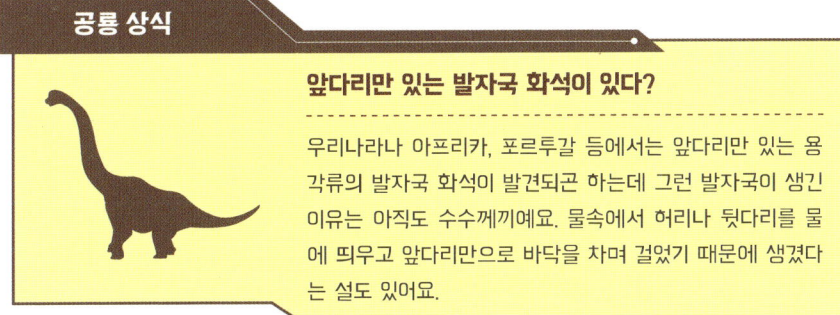

앞다리만 있는 발자국 화석이 있다?

우리나라나 아프리카, 포르투갈 등에서는 앞다리만 있는 용각류의 발자국 화석이 발견되곤 하는데 그런 발자국이 생긴 이유는 아직도 수수께끼예요. 물속에서 허리나 뒷다리를 물에 띄우고 앞다리만으로 바닥을 차며 걸었기 때문에 생겼다는 설도 있어요.

용각류가 거대화할 수 있었던 이유

초식성
중생대에는 용각류의 먹이인 식물이 풍부했기 때문에 에너지원을 쉽게 얻을 수 있었어요.

긴 목과 꼬리
목과 꼬리로 균형을 잡아 몸을 지탱하는 데 필요한 에너지를 절약했어요.

작은 머리
식물을 통째로 삼켰기 때문에 턱이 발달하지 않았어요. 머리가 작고 가벼워 목이 길어질 수 있었어요.

호흡
기낭을 이용해서 몸에 산소를 효율적으로 공급했어요.

디플로도쿠스

데이터

분류 : 용반류, 용각류　　**식성** : 초식
시대 : 쥐라기 후기　　**주요 서식지** : 북아메리카
몸길이 : 약 30미터　　**몸무게** : 약 10~20톤

대형화는 어떻게 가능했을까요?

공룡에게 허파 대신 '기낭'이 있었다는 내용은 35쪽에서 설명했어요. 이러한 공기 주머니는 몸 여기저기에 있었고 일부는 뼛속에도 들어 있었어요. 이를 '공기뼈'라고 하는데 산소를 효율적으로 흡수해 활발하게 에너지를 만들면서 몸이 거대해질 수 있었을 거예요.

거대 용각류는 오래 살았어요

일반적으로 몸이 큰 동물일수록 오래 산다고 알려져 있는데, 공룡도 용각류 등 거대한 종류는 50년 이상 살았을 것으로 추정해요.

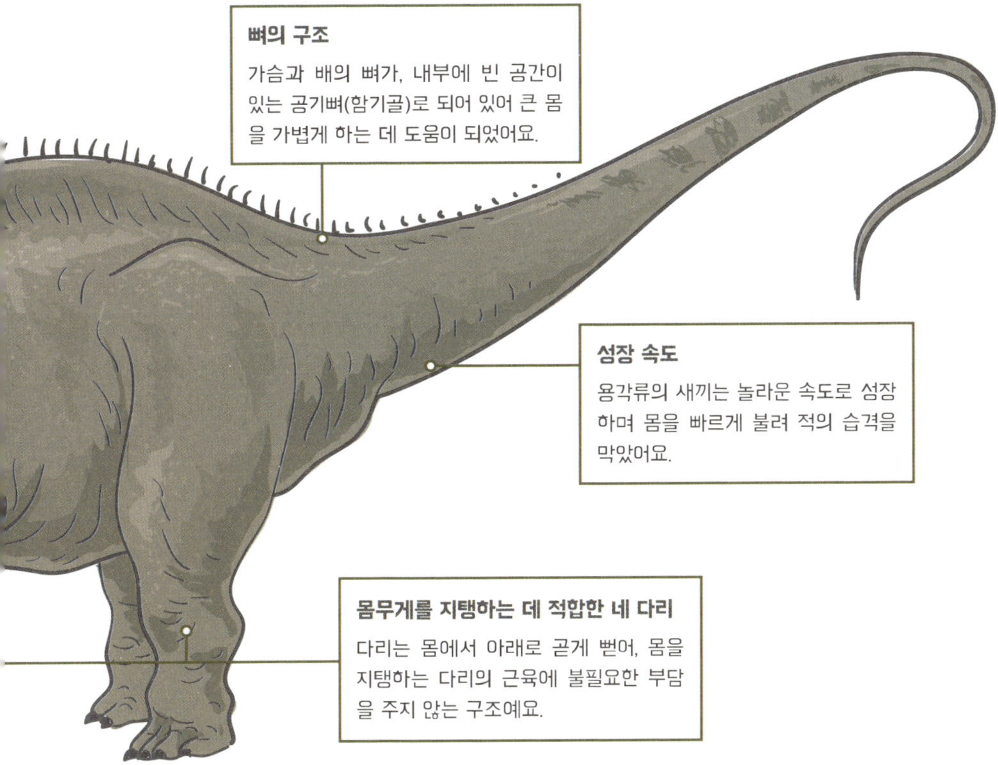

뼈의 구조
가슴과 배의 뼈가, 내부에 빈 공간이 있는 공기뼈(함기골)로 되어 있어 큰 몸을 가볍게 하는 데 도움이 되었어요.

성장 속도
용각류의 새끼는 놀라운 속도로 성장하며 몸을 빠르게 불려 적의 습격을 막았어요.

몸무게를 지탱하는 데 적합한 네 다리
다리는 몸에서 아래로 곧게 뻗어, 몸을 지탱하는 다리의 근육에 불필요한 부담을 주지 않는 구조예요.

공룡 상식

공룡의 나이는 어떻게 알 수 있을까?

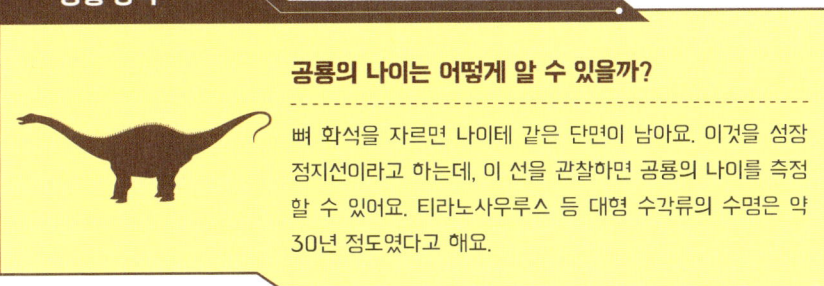

뼈 화석을 자르면 나이테 같은 단면이 남아요. 이것을 성장 정지선이라고 하는데, 이 선을 관찰하면 공룡의 나이를 측정할 수 있어요. 티라노사우루스 등 대형 수각류의 수명은 약 30년 정도였다고 해요.

공룡의 생활 10

 인기도

아파토사우루스는 목을 높이 들어 올리지 못했어요

 키워드

목이 움직이는 각도

용각류는 목을 직각으로 들어 올릴 수 없었지만 옆으로 돌려 나무의 높은 곳에 있는 잎을 먹었어요.

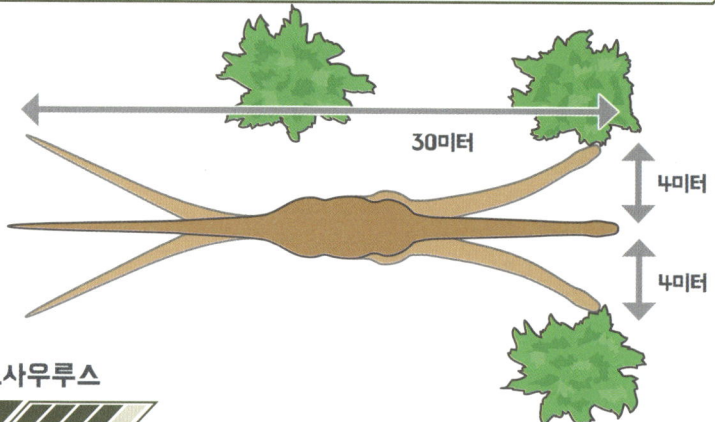

30미터
4미터
4미터

아파토사우루스

데이터

분류 : 용반류, 용각류
시대 : 쥐라기 중기~후기
몸길이 : 약 23미터
식성 : 초식
주요 서식지 : 북아메리카
몸무게 : 약 25~30톤

디플로도쿠스 상과에 속하는 대형 용각류로, 쥐라기 후기 아메리카 대륙 지층에서 화석이 발견되었어요.

목을 옆으로 돌려 높은 나무의 잎을 먹었어요

대형 용각류 아파토사우루스의 목은 몸통의 등뼈 관절과 단단히 결합되어 상하좌우로 30도 정도밖에 움직이지 못했다고 해요. 단, 굽히는 각도는 작았지만 유연하게 휠 수 있어 좌우 합쳐 약 8미터, 높이는 6미터 범위에서 움직였을 것으로 추정해요.

용각류는 직각으로 목을 들어 올리지 못했어요

얼마 전까지는 용각류를 기린처럼 목을 직각으로 들어 올리고 있는 모습으로 그렸어요. 하지만 용각류와 기린은 목뼈와 등뼈의 구조가 전혀 다르기 때문에 현재는 목을 직각으로 들어 올릴 수 없었을 것으로 추정해요. 단, 같은 용각류라도 브라키오사우루스(49쪽 참고)는 앞다리가 길어서 목을 위로 들어 올리는 데 적합했고 어깨도 허리보다 높은 위치에 있었어요. 그래서 다른 용각류보다 머리를 높이 들어 올릴 수 있었을 거예요.

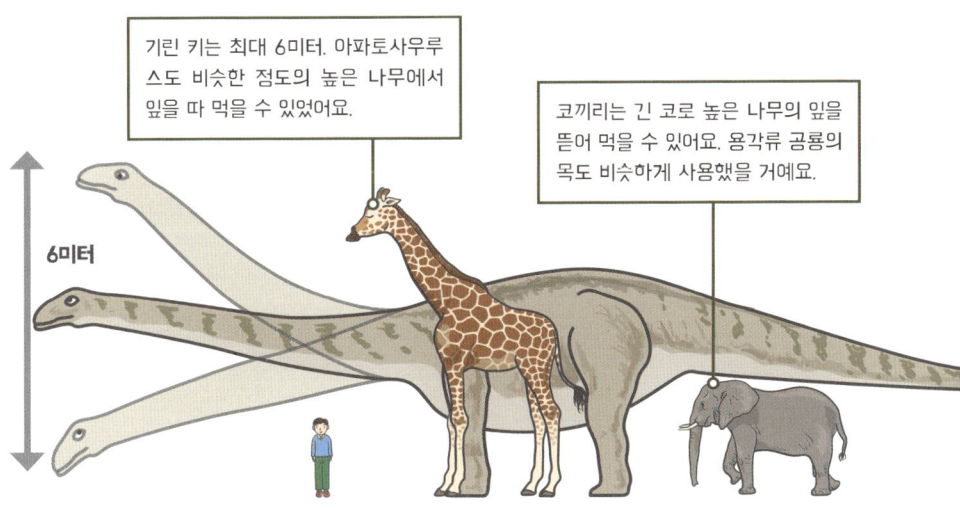

공룡 상식

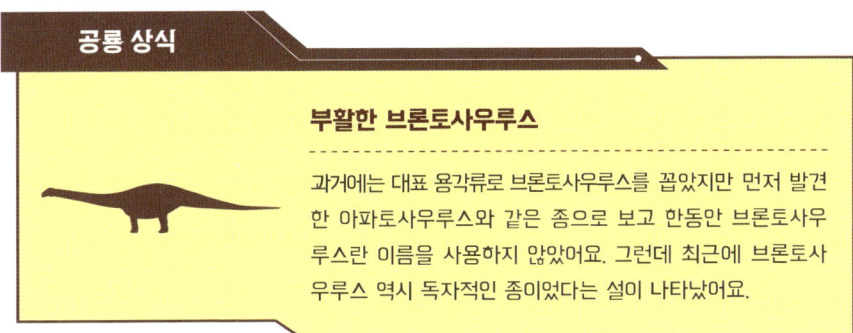

부활한 브론토사우루스

과거에는 대표 용각류로 브론토사우루스를 꼽았지만 먼저 발견한 아파토사우루스와 같은 종으로 보고 한동안 브론토사우루스란 이름을 사용하지 않았어요. 그런데 최근에 브론토사우루스 역시 독자적인 종이었다는 설이 나타났어요.

공룡의 생활 11

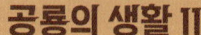

 인기도

브라키오사우루스는 물속에서 생활하지 않았다

 키워드

수중 생활설 — 브라키오사우루스의 연구가 진행되면서 물속에서 생활하지 않았다는 사실이 밝혀졌어요.

과거의 브라키오사우루스 상상도

코로 보이는 머리 위 혹이 오해의 원인이었어요.

머리 위에 혹이 있는 브라키오사우루스

브라키오사우루스의 화석이 발견된 당시(1900년에 발견), 머리 위 혹에 콧구멍 같은 것이 있었기 때문에 이를 이용해 수중 생활을 했다고 추측했어요. 하지만 1970년대에 들어 브라키오사우루스에게는 허파를 힘차게 움직이는 '횡격막'이 없다는 사실이 밝혀졌어요. 결국 수압이 강한 물속 생활이 어렵다는 것을 알게 되었지요.

다른 용각류와는 다른 체형이에요

브라키오사우루스는 몸의 형태가 다른 용각류 무리와는 달랐어요. 앞다리가 뒷다리보다 많이 길어 머리가 자연스럽게 위로 기울었어요. 이처럼 목이 비스듬히 위쪽으로 튀어나온 체형 덕에 높은 장소에 있는 식물을 먹을 수 있었을 거예요.

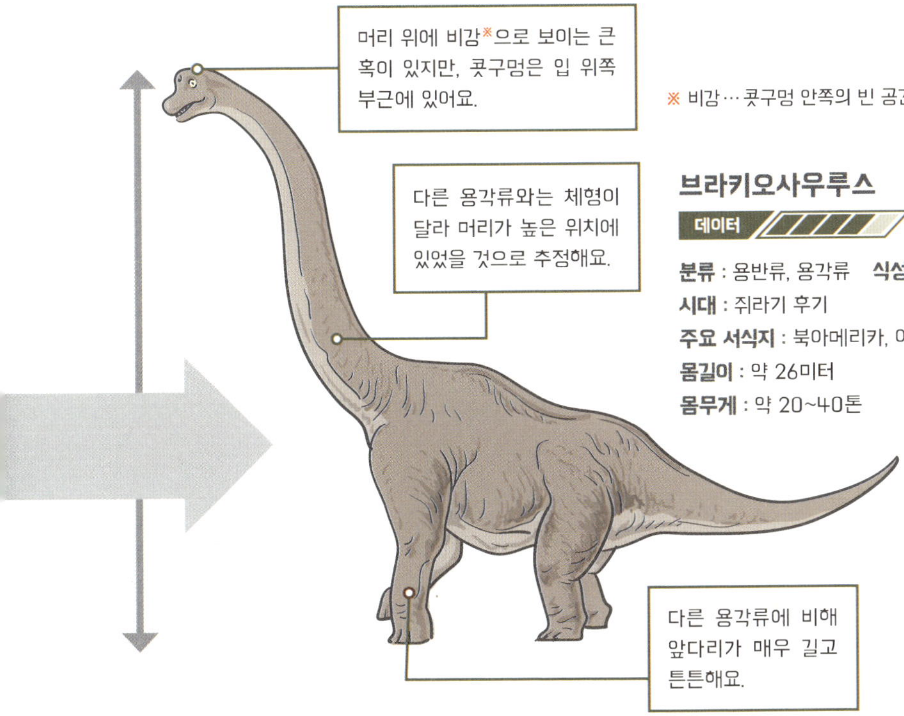

머리 위에 비갑*으로 보이는 큰 혹이 있지만, 콧구멍은 입 위쪽 부근에 있어요.

※ 비갑…콧구멍 안쪽의 빈 공간이에요.

다른 용각류와는 체형이 달라 머리가 높은 위치에 있었을 것으로 추정해요.

브라키오사우루스
데이터

분류 : 용반류, 용각류 **식성** : 초식
시대 : 쥐라기 후기
주요 서식지 : 북아메리카, 아프리카
몸길이 : 약 26미터
몸무게 : 약 20~40톤

다른 용각류에 비해 앞다리가 매우 길고 튼튼해요.

공룡 상식

인기 영화의 수수께끼 장면

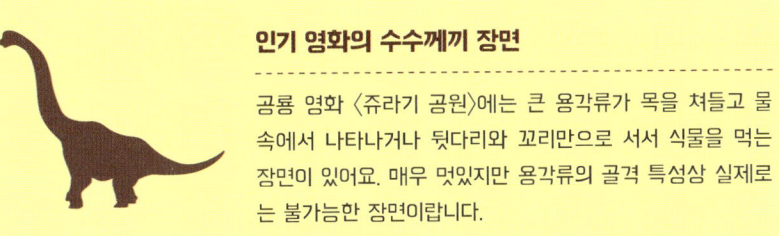

공룡 영화 〈쥬라기 공원〉에는 큰 용각류가 목을 쳐들고 물속에서 나타나거나 뒷다리와 꼬리만으로 서서 식물을 먹는 장면이 있어요. 매우 멋있지만 용각류의 골격 특성상 실제로는 불가능한 장면이랍니다.

공룡의 생활 12

쥐라기 최강 공룡 알로사우루스는 먹잇감을 이빨로 물고 뜯어 먹었어요

▼ 티라노사우루스

가장 큰 개체는 몸길이가 약 13미터, 높이는 약 6미터나 되었어요. 역사상 가장 큰 육상 육식 동물이에요. 턱이 튼튼하고 무는 힘도 강해요.

알로사우루스
데이터

분류 : 용반류, 수각류 **식성** : 육식
시대 : 쥐라기 후기 **주요 서식지** : 북아메리카
몸길이 : 약 8.5미터 **몸무게** : 약 3톤

얼굴은 티라노사우루스보다 가늘고 눈앞에는 장식용으로 보이는 뿔이 있어요.

육식 공룡 중에 티라노사우루스 다음으로 인기가 있는 공룡으로, 체격은 더 작아요.

날카로운 이빨로 고기를 뜯어 먹은 알로사우루스

알로사우루스는 쥐라기의 가장 강한 육식 공룡으로 추정된답니다. 티라노사우루스와 닮았지만 다른 공룡 무리예요. 알로사우루스는 머리의 폭이 좁아서 티라노사우루스처럼 강한 턱으로 먹잇감을 물어서 박살 내는 것이 아니라 입을 크게 벌리고 이빨로 먹잇감의 살을 뜯어 먹었을 거예요.

먹잇감이 방어 태세를 갖추기 전에 재빨리 물어뜯어요

알로사우루스가 사냥할 때는 혼자 숨어 있다가 사냥하는 방법을 썼을 수도 있어요. 먹잇감이 다가오면 재빨리 덮쳐 날카로운 이빨로 목의 살 등을 물어뜯었을 거예요.

칼처럼 날카로운 이빨, 상대를 물어뜯기 위한 힘센 목, 강력한 수직 방향의 힘을 견딜 수 있는 두개골을 가졌어요.

숨어 있다가 재빠르게 먹잇감을 덮치는 등 티라노사우루스에 비해 움직임이 재빠른 사냥꾼이에요.

공룡 상식

컴퓨터를 이용한 머리 부위의 분석

알로사우루스는 컴퓨터로 분석한 최초의 공룡 중 하나예요. 건물이나 비행기 등의 강도를 측정하는 프로그램(FEA 프로그램)으로 알로사우루스의 두개골을 검사했더니 강한 힘을 잘 견딜 수 있는 구조임이 밝혀졌어요.

공룡의 생활 13

인기도

시조새는 날지 못했다는 설도 있어요

키워드

새일까? 공룡일까?

시조새는 새인지 공룡인지 알 수 없는 존재예요. 활공만 할 뿐 날지 못했다는 설도 있어요.

공룡에서 새로 진화했다고 알려진 공룡

콤프소그나투스
데이터
- **분류** : 용반류, 수각류
- **식성** : 육식 **시대** : 쥐라기 후기
- **주요 서식지** : 독일, 프랑스
- **몸길이** : 약 1.25미터
- **몸무게** : 약 2.5킬로그램

다리뼈(정강뼈)가 길어 달리기에 적합했어요.

데이노니쿠스
데이터
- **분류** : 용반류, 수각류
- **식성** : 육식 **시대** : 백악기 전기
- **주요 서식지** : 북아메리카
- **몸길이** : 약 3.3미터
- **몸무게** : 약 60킬로그램

비슷한 종의 화석에 깃털 흔적이 있기 때문에 데이노니쿠스도 깃털이 있었을 것으로 추정해요.

시조새 (아르카이오프테릭스)
데이터
- **분류** : 용반류, 수각류
- **식성** : 잡식 **시대** : 쥐라기 후기
- **주요 서식지** : 독일
- **몸길이** : 약 50센티미터
- **몸무게** : 약 0.5킬로그램

조류의 조상에 가까운 공룡. 현재는 조류의 직접 조상이 아니라고 밝혀졌어요.

시조새가 날지 못했다는 설

새의 조상이라고 알려진 '시조새'는 사실 날지 못했다는 설이 있어요. 시조새 깃대(깃축)의 굵기로는 몸무게를 지탱할 수 없다는 것을 알게 됐거든요. 그리고 날개를 펄럭이는 데 필요한 근육이 자랄 만한 가슴뼈도 없었어요. 높은 곳에서 글라이더처럼 활공했을 수도 있지만 새처럼 잘 날지는 못했을 거예요.

시조새가 날았다는 설

한편, 시조새가 멋지게 날았다고 주장하는 연구자도 많아요. 비행하는 새는 깃대를 중심으로 좌우에 형태가 다른 칼깃이 있다고 해요. 시조새의 날개도 형태가 같기 때문에 날았을 가능성이 높다고 본 거예요. 그리고 두개골을 조사했더니 눈이 좋은 동물에게서 보이는 뇌와 균형을 잡는 데 적합한 내이(속귀)가 있었다는 사실을 알아냈어요. 이것은 조류에 가까운 특징이에요.

시조새의 특징

- 날개가 된 앞다리에는 가늘고 긴 세 개의 갈고리발톱이 있어요.
- 몸은 가벼운 깃털로 덮여 있어요.
- 원뿔 모양의 입은 뾰족하고 이빨은 끝이 굽어 있어요.
- 뒷다리의 넓적다리와 정강이도 깃털로 덮여 있어요.

공룡 상식

아직까지 알 수 없는 시조새의 정체

시조새를 가장 원시적인 조류라고 보았지만 2011년부터는 시조새가 조류로 진화하기 이전의 드로마에오사우루스의 일종이라는 설이 등장했어요. 다시 말해 시조새는 절반은 파충류, 절반은 새의 모습을 한 기묘한 동물인 것이지요.

공룡의 생활 14

인기도

사실 새와 공룡은 경계선이 명확하지 않아요

키워드

새와 공룡의 경계

새와 공룡의 특징을 모두 가진 동물도 있어요. 그들의 정체는 아직 연구 중이랍니다.

안키오르니스
데이터

분류 : 용반류, 수각류　**식성** : 육식
시대 : 쥐라기 후기　**주요 서식지** : 중국
몸길이 : 약 35~50센티미터
몸무게 : 약 0.25킬로그램

네 개의 날개를 가진 원시 조류. 안키오르니스라는 속명은 그리스어로 '새에 가깝다'란 뜻이에요.

프로트아르케옵테릭스
데이터

분류 : 용반류, 수각류　**식성** : 잡식(주로 식물)
시대 : 쥐라기 후기　**주요 서식지** : 중국
몸길이 : 약 0.8미터　**몸무게** : 약 2킬로그램

앞다리에 날개가 있지만 날갯짓을 할 만한 골격이나 근육이 없었던 것으로 추정해요.

새의 조상인 '원시 조류'는 공룡이었을까요?

새와 꼭 닮은 공룡들을 원시 조류라고 불러요. 수각류인 오비랍토르류는 새와 꽤 비슷한 모습이지만 그보다는 드로마에오사우루스나 트로오돈이 조류에 더 가까워요. 원시 조류 중에는 앞다리와 뒷다리가 모두 날개인 개체가 있어요. 날개가 네 개나 되는 이 원시 조류는 시조새보다 약 1000만 년 전에 등장했어요.

새와 공룡의 애매한 경계선

조류는 부리가 있고 몸이 깃털로 덮인 생물이에요. 한편, 시조새는 발톱이 달린 발가락, 이빨, 긴 꼬리 등 파충류의 특징을 지녔지요. 이것은 큰 차이지만 양쪽 모두 칼깃이 있고, 하늘을 날거나 활공할 수 있는 능력이 있어요.

미크로랍토르

데이터

- **분류** : 용반류, 수각류
- **식성** : 육식
- **시대** : 백악기 전기
- **주요 서식지** : 중국
- **몸길이** : 약 50~90센티미터
- **몸무게** : 약 500그램

뒷다리에도 발달한 비행용 깃털이 있어요.

오비랍토르

데이터

- **분류** : 용반류, 수각류
- **식성** : 초식
- **시대** : 백악기 후기
- **주요 서식지** : 몽골
- **몸길이** : 약 1.6미터
- **몸무게** : 약 22킬로그램

얼굴은 앵무새와 비슷하고 몸과 날개, 꼬리는 깃털로 덮여 있어요.

공룡 상식

공룡의 깃털은 무슨 색이었을까?

중국에서 발견된 안키오르니스는 화석에 남아 있던 색소 세포의 흔적을 현재의 새와 비교하여 몸 색상을 분석했어요. 그 결과, 몸은 회색과 검은색이며, 머리의 깃털 끝은 오렌지색이라는 사실을 알았어요. 안키오르니스는 역사상 처음으로 몸의 색을 알게 된 공룡이에요.

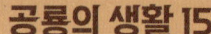

뿔, 가시, 채찍을 진화시켜 육식 공룡에 대항한 초식 공룡

 방어 방법 초식 공룡은 육식 공룡으로부터 방어하기 위해 몸을 다양하게 진화, 발전시켰어요.

하드로사우루스 무리는 집단으로 행동함으로써 육식 공룡에 대항하거나 쉽게 적으로부터 도망칠 수 있었어요.

검룡과 곡룡은 꼬리 끝에 달린 스파이크나 뼈 망치로 적과 싸웠어요.

몸을 지키는 방법을 진화, 발전시켰어요

육식 공룡에게 대항하기 위해 초식 공룡들은 오랜 시간에 걸쳐 몸을 방어하는 방법을 진화시켰어요. 스테고사우루스나 안킬로사우루스는 골판이나 갑옷 형태의 뼈로 몸을 지키고, 꼬리 끝에 달린 가시나 혹 등의 무기를 휘둘렀어요. 하드로사우루스는 집단 행동으로 몸을 보호했어요. 그리고 트리케라톱스는 긴 뿔을 머리 위로 번쩍 쳐들었을 거예요.

육식 공룡의 스피드와 지능에 대항하기 위해 진화했어요

육식 공룡은 확실히 공격적인 동물이었을 거예요. 하지만 현대의 육식 포유류와 비교하면 먹잇감을 덮칠 때의 속도나 사냥을 위해 작전을 세우는 지능은 크게 발달하지 않았어요. 잡아먹히는 초식 공룡 쪽에서 육식 공룡의 공격력에 대항해 몸의 크기나 갑옷을 진화시켰어요.

각룡류는 목이 약해 돌진할 수 없었지만 머리에 난 뿔을 휘둘러 적에게 대항했을 거예요.

용각류는 다른 무엇보다 큰 몸이 무기였어요. 그리고 꼬리를 채찍처럼 휘둘러 적을 공격했다는 설도 있어요.

공룡 상식

초식 공룡마다 제각각 다른 식물을 먹었다?

같은 초식 공룡이라도 먹는 식물은 제각각 달랐어요. 예컨대, 키가 작은 안킬로사우루스류는 땅과 가까이에 있는 식물을 먹고 하드로사우루스류는 긴 다리와 목으로 높은 곳의 식물을 먹었어요. 그 덕분에 경쟁 없이 먹이를 얻을 수 있었어요.

신기한 공룡 이야기 01

공룡도 암과
통풍, 기생충에 시달렸다?

공룡은 인간과 똑같은 고민이 있었어요

중생대라는 긴 시간 동안 지구를 지배했던 공룡도 이기지 못한 적이 있어요. 바로 '질병'이지요.

새의 기생충 '트리코모나스'는 주로 바위비둘기에 기생하며 입속을 종양투성이로 만들어요. 이것을 방치하면 아래턱에 구멍이 생기고 말지요. 트리코모나스는 현생 기생충이지만 티라노사우루스 등의 수각류 화석에서도 아래턱에 구멍이 난 것을 발견했어요. 연구자들은 수각류도 트리코모나스와 가까운 종류의 기생충에 감염되었던 것으로 추정하고 있어요.

티라노사우루스나 고르고사우루스 등 육식 공룡의 화석에서는 손가락 관절이 변형된 흔적을 발견했어요. 이것은 통풍의 흔적으로, 살과 지방이 풍부한 먹이를 계속 먹으면 화학 물질이 축적돼요. 이렇게 쌓인 화학 물질은 관절염의 원인이 된답니다.

한편 하드로사우루스류의 화석에서는 꽤 높은 확률로 종양의 흔적이 발견되었어요. 종양은 악성이 되면 암이라 불리는데 많은 수의 조반류와 용각류가 암으로 고생한 것으로 보여요. '기생충' '통풍' '암' 등 공룡은 시대를 초월해 인간과 같은 고민을 공유하고 있었답니다.

2장

공룡의 비밀

공룡 시대도 후반기로 접어들었어요. 바로 백악기이지요. 공룡은 각 지역에서 독자적으로 진화했고, 다양한 체형과 특징을 가진 공룡들이 출현했어요. 이 공룡들이 왜 그런 개성을 갖게 되었는지 함께 알아보아요.

공룡의 비밀 1

인기도

무리 지어 사냥을 한 육식 공룡이 있어요

키워드 | **집단으로 사냥** | 매우 활발한 사냥꾼인 데이노니쿠스는 집단으로 사냥했을 것으로 추정해요.

집단 화석이 발견된 데이노니쿠스는 당시 테논토사우루스를 무리 지어 습격한 것으로 보여요. 데이노니쿠스의 이름은 '무서운 발톱'이란 뜻으로 뒷다리에는 1센티미터의 큰 갈고리 발톱이 있지요.

무리 지어 사냥을 했어요

데이노니쿠스는 네 다리에 날카로운 갈고리발톱이 있는 뛰어난 사냥꾼이었어요. 아메리카 대륙에서 데이노니쿠스의 집단 화석이 발견되었을 때 대형 초식 공룡인 테논토사우루스의 화석도 함께 발견되었어요. 그 때문에 현재는 데이노니쿠스가 집단으로 사냥했을 것으로 추정해요.

데이노니쿠스

데이터

분류 : 용반류, 수각류　　**식성** : 육식
시대 : 백악기 전기　　**주요 서식지** : 북아메리카
몸길이 : 약 3.3미터　　**몸무게** : 약 60킬로그램

데이노니쿠스와 같은 드로마에오사우루스과 중에서 가장 큰 무리예요.

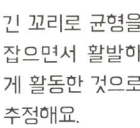

긴 꼬리로 균형을 잡으면서 활발하게 활동한 것으로 추정해요.

적과 싸울 때 앞다리의 세 갈고리발톱을 사용했어요.

한창 무리 지어 사냥하던 중, 산 채로 토사에 파묻혔다고요?

데이노니쿠스의 화석 무리와 함께 유타랍토르의 집단 화석도 발견되어 무리 지어 사냥했다는 설이 있어요. 단, 발견된 화석을 보면 어미 1마리, 어린 공룡 4마리, 새끼 1마리로 가족이란 설도 있어요. 같은 장소에서 이구아노돈의 화석도 발견되었기 때문에 다 같이 무리 지어 사냥하던 도중에 큰 구멍에 산 채로 묻혔을 것으로 추정하고 있어요.

유타랍토르

데이터

분류 : 용반류, 수각류　　**식성** : 육식
시대 : 백악기 전기　　**주요 서식지** : 북아메리카
몸길이 : 약 5.5미터　　**몸무게** : 약 500킬로그램

큰 턱에는 잡은 먹잇감을 물어뜯는 데 적합한 날카로운 이빨이 있어요.

뒷다리의 긴 발가락에는 2센티미터에 달하는 날카로운 세 개의 갈고리발톱이 있어요.

공룡 상식

티라노사우루스의 최강 팀플레이

최근 연구에서 티라노사우루스도 어미와 새끼가 함께 사냥했다는 설이 나타나고 있어요. 발이 빠른 어린 공룡이 먹잇감을 몰면 숨어서 기다리던 어미가 사냥을 마무리하는 팀플레이지요. 어린 공룡과 어른 공룡의 특성을 살려 효율적으로 사냥했다는 설이에요.

공룡의 비밀 2

인기도

육식 공룡이 대형화한 것은 먹잇감이 거대해졌기 때문이에요

키워드

대형화한 육식 공룡

초식 공룡의 대형화에 대항하기 위해 육식 공룡도 몸을 크게 만들었어요.

짧은 앞다리에는 날카로운 세 개의 갈고리발톱이 있어요.

큰 머리는 길이가 약 1.9미터나 되지만 형태가 가늘고 길어 턱의 힘은 티라노사우루스가 더 강했어요.

기가노토사우루스
데이터

분류 : 용반류, 수각류
시대 : 백악기 후기
몸길이 : 약 12미터
식성 : 육식
주요 서식지 : 아르헨티나
몸무게 : 약 6톤

가장 큰 수각류의 일종. 아르젠티노사우루스 등의 거대 용각류를 먹었다는 설도 있어요.

백악기에 등장한 거대 육식 공룡

수각류 테타누라류는 같은 수각류인 케라토사우루스류보다 더 진화한 무리예요. 기가노토사우루스와 카르카로돈토사우루스 등 몸길이가 10미터를 넘는 대형 육식 공룡은 대부분 테타누라류 중 카르노사우루스류 무리에 속해요. 티라노사우루스는 테타누라류 중 소형 종이 많은 코엘로사우루스류가 커진 것입니다.

육식 공룡은 왜 몸이 커졌을까요?

초식 공룡의 몸이 커졌기 때문에 초식 공룡을 사냥하는 육식 공룡도 거대해졌어요. 육식 공룡도 용각류와 마찬가지로 효율적으로 산소를 흡수하는 기낭과 튼튼하고 가벼운 공기뼈(35쪽 참고)를 가졌기 때문에 거대화가 가능했어요. 한편, 소형 수각류는 기낭과 공기뼈, 깃털 덕분에 하늘을 날게 되었고 조류로 진화했어요.

아크로칸토사우루스

 데이터

분류 : 용반류, 수각류　**식성** : 육식
시대 : 백악기 전기
주요 서식지 : 북아메리카
몸길이 : 약 11미터　**몸무게** : 약 4.4톤

알로사우루스 무리로, 등에는 긴 등지느러미가 있어요.

카르카로돈토사우루스

데이터

분류 : 용반류, 수각류　**식성** : 육식
시대 : 백악기 전기
주요 서식지 : 북아메리카
몸길이 : 약 12미터　**몸무게** : 약 6톤

이름은 '상어 이빨 도마뱀'이란 뜻이에요. 상어와 비슷한 얇은 톱니 모양의 이빨을 가졌어요.

공룡 상식

대형화한 카르카로돈토사우루스의 무리

알로사우루스와 근연종(생물 분류에서 가까운 종)인 카르카로돈토사우루스 무리는 기가노토사우루스 외에도 마푸사우루스나 티라노티탄 등이 있어요. 모두 티라노사우루스와 비슷하거나 그 이상인 육식 공룡이에요.

공룡의 비밀 3

등지느러미가 1.8미터나 자란 스피노사우루스

거대한 돛

몸집이 큰 스피노사우루스의 등에는 큰 돛이 있어서 더 거대해 보여요. 이 돛의 역할은 무엇일까요?

스피노사우루스

데이터

분류 : 용반류, 수각류　**식성** : 육식
시대 : 백악기 전기　**주요 서식지** : 북아프리카
몸길이 : 약 14미터　**몸무게** : 약 10톤

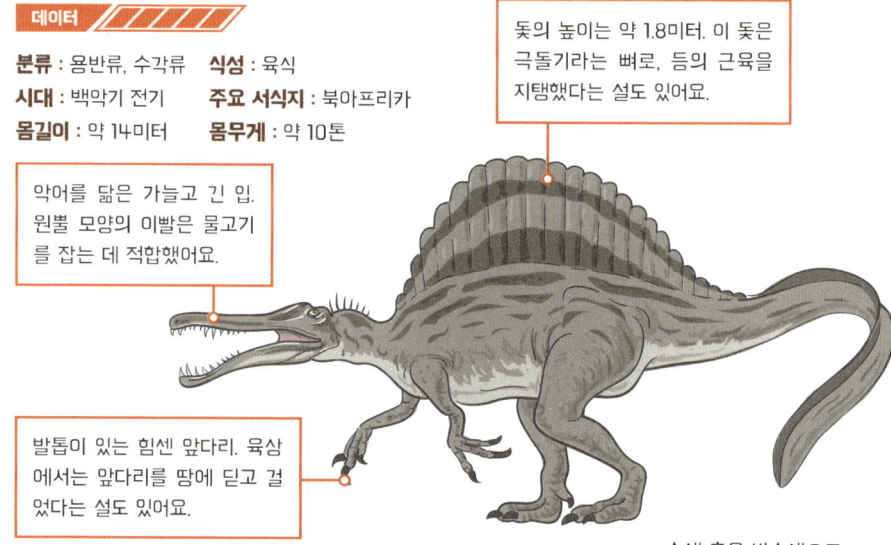

돛의 높이는 약 1.8미터. 이 돛은 극돌기라는 뼈로, 등의 근육을 지탱했다는 설도 있어요.

악어를 닮은 가늘고 긴 입. 원뿔 모양의 이빨은 물고기를 잡는 데 적합했어요.

발톱이 있는 힘센 앞다리. 육상에서는 앞다리를 땅에 딛고 걸었다는 설도 있어요.

수생 혹은 반수생으로 추측해요.

악어와 비슷한 이빨을 가진 거대 육식 공룡

스피노사우루스는 몸집이 큰 육식 공룡이에요. 중생대에는 바닷가였던 이집트 지층에서 화석이 발견되었어요. 입이 악어처럼 가늘고 길어서 육식 공룡의 특징인 톱니 모양의 이빨은 아니었어요. 주식은 물고기였을 거예요.

스피노사우루스 돛의 역할에 대한 여러 가지 설

❶ 체온 조절설

몸에서 불필요한 열을 내보내기 위해서라는 설이 있어요. 하지만 돛의 표면이나 단면에 혈관의 흔적이 없기 때문에 현재는 받아들여지지 않고 있어요.

❷ 전시설

적과 경쟁자에 대한 경고나 위협, 짝짓기 상대를 유혹하기 위해 과시하는 전시용이란 설도 있어요.

스피노사우루스의 돛이 지닌 수수께끼

스피노사우루스처럼 수각류이면서 사족 보행을 하는 공룡은 매우 드물어요. 주로 깊은 강에서 많은 시간을 보내며 고대의 상어나 가오리 등의 어류를 잡아먹었다는 설이 인정받고 있어요.

2020년에는 학술지인 〈네이처〉에 스피노사우루스가 꼬리를 배의 노처럼 이용해 물속을 헤엄쳤다는 연구 결과가 발표되었어요. 최근 모로코에서 발견된 스피노사우루스 아이깁티아쿠스의 꼬리 위에는 길이 60킬로미터에 가까운 가시가 있고 끝을 제외한 꼬리 전체가 물속에서 노의 역할을 하는 데 적합하다고 알려졌어요.

이 발견으로 스피노사우루스의 수중 생활 적응설이 힘을 얻었어요.

공룡 상식

잃어버린 스피노사우루스의 화석

1915년에 이집트에서 최초로 발견된 스피노사우루스의 화석은 독일 뮌헨 박물관에 전시되었어요. 이후 1944년 영국 공군의 폭격으로 사라졌지요. 스피노사우루스에 관해 자세하게 알게 된 것은 첫 발굴로부터 약 100년 후, 다른 화석이 발견되고 나서랍니다.

공룡의 비밀 4

인기도

티라노사우루스는 발이 느렸어요

키워드

무거운 몸무게

티라노사우루스는 빠르게 달렸을 거란 이미지가 있지만 사실 몸무게와 근육의 균형으로 볼 때 빨리 달리지 못했다는 설도 있어요.

가장 큰 이빨은 전체 길이가 30센티미터 이상이에요.

두개골을 구성하는 뼈가 두꺼웠고 턱을 움직이는 거대한 근육이 있었어요.

앞다리가 작고 발가락이 두 개뿐이었어요.

티라노사우루스
데이터

분류 : 용반류, 수각류　　**식성** : 육식
시대 : 백악기 후기　　**주요 서식지** : 북아메리카
몸길이 : 약 12미터　　**몸무게** : 약 6톤

달리지 않고도 사냥을 할 수 있었다고요?

몸무게 6톤의 티라노사우루스가 타조처럼 빨리 달리기 위해서는 몸무게의 86퍼센트에 해당하는 약 5.2톤의 근육이 필요한데, 실제로는 근육이 1.2톤 정도밖에 안 되었다고 해요. 단, 티라노사우루스는 몸이 컸기 때문에 비록 빠르게 달리지 못했어도 움직임이 느린 초식 공룡에게는 빠르고 무서운 포식자였을 거예요.

다 크면 달릴 수 없게 되었다?

❶ 성장하면서 다리가 느려졌다

어른 티라노사우루스는 시속 18킬로미터 정도로 달렸을 거예요. 100미터를 뛸 때 20초 가까이 걸리므로 속도가 그다지 빠르지 않았어요.

❷ 달리며 사냥할 필요가 없었다

티라노사우루스는 죽은 공룡의 고기를 먹었기 때문에 달리며 사냥할 필요가 없었다는 설도 있어요.

티라노사우루스도 집단으로 사냥을 했다고요?

완전히 성장한 티라노사우루스는 시속 약 18킬로미터로 달렸을 것으로 추정해요. 발이 빠른 사람이라면 도망칠 수 있을 만큼 느린 속도예요. 그런데 사실 티라노사우루스는 몸무게가 가볍고 발이 빠른 어린 새끼와 어미가 함께 집단으로 사냥을 했다는 설도 있어요.

어린 티라노사우루스는 공룡 중에서도 가장 다리가 빠르다고 추정되는 오르니토미무스와 같은 정도(약 60킬로미터)로 달렸을 거란 연구도 있어요. 100미터를 6초에 달리는 빠른 속도라서 인간 단거리 선수도 따라잡혔을 거예요. 새끼가 먹잇감에 상처를 입혀 움직이지 못하게 하고 강력한 턱을 가진 어미가 마무리했을지도 몰라요.

공룡 상식

새끼는 온몸에 깃털이 있었다?

티라노사우루스의 소형 무리인 딜롱이나 유티라누스는 깃털이 있어요. 이 때문에 티라노사우루스도 몸이 작아서 추위에 약한 새끼는 온몸에 깃털이 있고, 열을 유지하기 쉬운 어미는 부분적으로만 깃털이 있었을 것이라고 추정해요.

공룡의 비밀 5

인기도

티라노사우루스의 앞발이 작은 이유는 머리가 큰 탓!

키워드

상처의 흔적 — 몸이 큰 공룡은 넘어지면 큰 상처를 입어요. 화석에서는 뼈가 부러졌다가 다시 붙은 흔적이 발견되었어요.

대부분의 육식 공룡은 두 발로 걷기 때문에 앞다리가 뒷다리보다 매우 작고 짧아요. 티라노사우루스 무리나 카르노타우루스의 앞다리는 뒷다리에 비해 4분의 1에서 6분의 1 정도 길이밖에 안 된답니다.

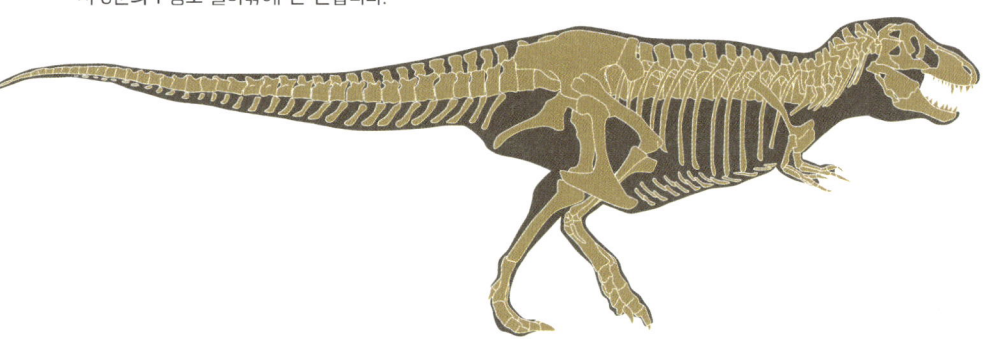

티라노사우루스는 왜 앞다리가 작았을까요?

티라노사우루스는 머리가 큰 만큼 중심이 앞쪽으로 치우치기 때문에 균형을 잡기 위해 팔이 작아졌다는 설이 있어요. 티라노사우루스 무리 중에 머리가 작은 에오티라누스의 앞다리는 뒷다리 길이의 절반 정도였어요. 티라노사우루스 무리는 몸과 머리가 커짐에 따라 앞다리가 작아졌을지도 몰라요.

빠르게 성장했고 몸에 상처도 매우 많았어요

티라노사우루스의 수명은 30년 정도로 추정하는데, 살아 있는 동안 계속해서 성장했어요. 거대 육식 공룡이지만 상처를 입거나 병에 많이 걸려서 30년을 채우지 못하고 외적인 요인으로 많이 죽었지요. 그 증거로, 티라노사우루스의 뼈 화석을 보면 부러지거나 변형이 생긴 흔적이 많이 발견돼요.

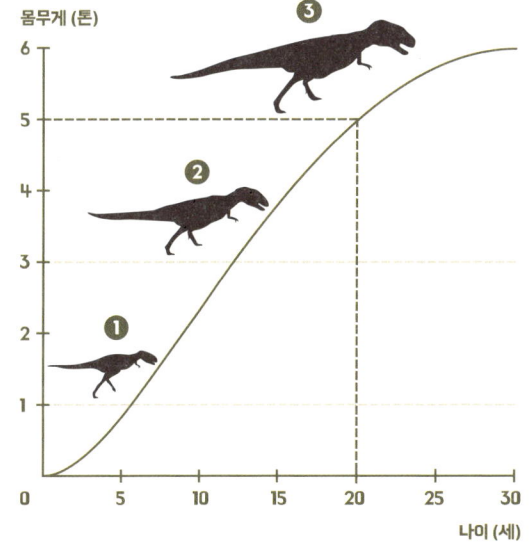

❶ 10세까지는 성장 속도가 그다지 빠르지 않아요.

❷ 10세 이후부터 빠르게 성장해요. 하루에 몸무게가 2킬로그램 증가한 증거도 있어요.

❸ 20세가 되어 5톤 정도에 이르면 성장이 느려지고 30세 즈음에 죽음을 맞아요.

공룡 상식

'깃털'과 '비늘' 중 무엇으로 덮여 있었나?

최근에 근연종의 깃털 화석(67쪽 참고)이 발견되어 티라노사우루스도 깃털 공룡이었다는 설이 힘을 얻고 있어요. 2017년에는 오스트레일리아의 고생물학자 필 벨이 피부 화석을 분석한 결과에 따른 '비늘설'도 다시 떠오르고 있어요.

신기한 공룡 이야기 02

백악기 악어는 티라노사우루스만큼 컸다!

무는 힘도 티라노사우루스와 같았다고요?

티라노사우루스를 그 크기나 힘으로 백악기 최강이라고 하는데, 물가에는 더 강한 라이벌이 숨어 있었어요. 전체 길이가 최대 12미터로 추정되는, 사상 최대의 악어 데이노수쿠스가 그 주인공이랍니다. 데이노수쿠스는 현대 악어의 조상으로 추정되며, 뼈를 연구한 결과 수명은 약 50년이었다고 해요. 물가에 살면서 물고기 등의 수생 생물 외에 하드로사우루스류 등의 육지 동물도 먹잇감으로 삼았어요. 무는 힘이 매우 강해서 티라노사우루스보다 더 힘이 셌다고 하는 연구자도 있어요.

거대한 악어류는 이 외에도 백악기 전기의 사르코수쿠스(몸길이 약 12미터), 공룡 시대는 아니지만 일본의 마치카네악어(7미터)가 있어요.

데이노수쿠스

데이터

분류 : 이궁류, 크루로타르시류, 악어류
시대 : 백악기 후기
몸길이 : 약 12미터
식성 : 육식
주요 서식지 : 미국
몸무게 : 약 2.5~5톤

공룡의 비밀 6

인기도

낫 모양의 거대한 발톱을 가진 공룡

키워드

커다란 발톱

무서운 갈고리발톱을 가진 수각류지만 사실 움직임이 둔한 초식 공룡이에요.

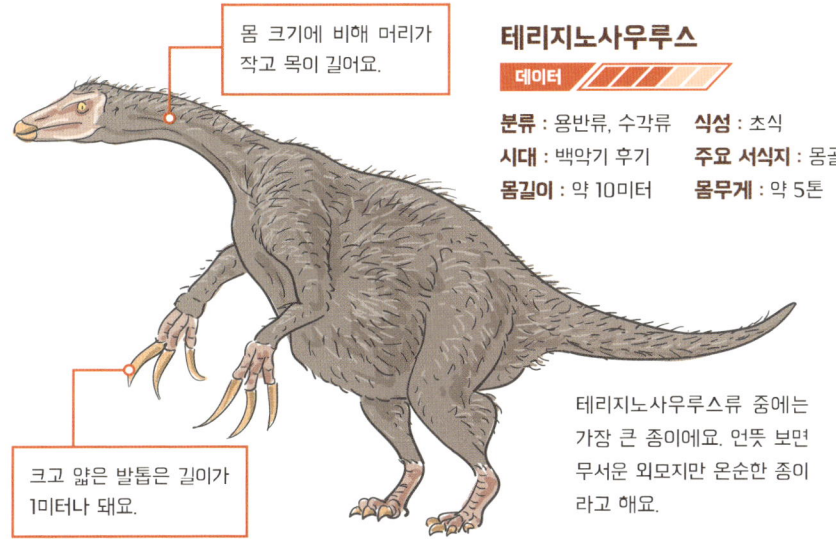

몸 크기에 비해 머리가 작고 목이 길어요.

테리지노사우루스

데이터

분류 : 용반류, 수각류　**식성** : 초식
시대 : 백악기 후기　**주요 서식지** : 몽골
몸길이 : 약 10미터　**몸무게** : 약 5톤

크고 얇은 발톱은 길이가 1미터나 돼요.

테리지노사우루스류 중에는 가장 큰 종이에요. 언뜻 보면 무서운 외모지만 온순한 종이라고 해요.

수각류지만 초식성이었던 테리지노사우루스

'큰 낫 도마뱀'을 뜻하는 이름의 테리지노사우루스는 앞다리에 약 70센티미터나 되는 거대한 갈고리발톱이 달려 있어요. 하지만 뾰족하고 이빨이 없는 턱이나 나뭇잎 모양의 이빨을 보면 초식성이었을 거예요. 움직임은 둔했고, 거대한 발톱은 나뭇가지를 자르거나 찢는 데 사용했을 거예요.

공룡의 비밀 7

역사상 가장 큰 공룡은 몸무게가 여객기 정도였어요

키워드

대형 용각류

공룡이 다양하게 진화한 백악기에는 전철 한 칸보다 긴 대형 용각류가 많았어요.

다리뼈의 크기로 추정하는 방법을 따르면 몸무게가 약 60톤이에요. 하지만 몸 전체의 면적과 현생 동물의 뼈나 몸의 밀도로 계산하는 새로운 방식으로는 약 40톤으로 추정해요.

드레드노투스

데이터

- **분류** : 용반류, 용각류
- **시대** : 백악기 후기
- **몸길이** : 약 25미터
- **식성** : 초식
- **주요 서식지** : 아르헨티나
- **몸무게** : 약 40톤

백악기 공룡 중 가장 몸무게가 많이 나가는 공룡들

용각류는 백악기에 몸이 크게 진화했어요. 무게가 점보제트기만큼 무거운 공룡도 있었어요. 북아메리카에 살았던 브라키오사우루스의 몸무게는 50톤이란 추측도 있어요. 그 밖에도 같은 용각류 중에 북아메리카의 사우로포세이돈과 스페인의 투리아사우루스는 50톤, 북아프리카의 파랄리티탄은 54톤이었다는 설도 있어요.

무게가 더 나가는 용각류도 있었다고요?

몸무게가 더 무겁다고 추정되는 용각류도 있어요. 인도에서 발견된 티타노사우루스는 추정 몸무게가 70톤, 아르헨티나에서 발견된 아르젠티노사우루스는 60~100톤이란 보고도 있어요. 하지만 최근에는 먼저 골격으로 공룡의 몸 크기를 계산하고 그것에 조류, 악어류 등의 밀도를 곱하는 방법을 쓰는 연구자도 있어서 대형 용각류의 몸무게 추정값은 계속 새롭게 바뀌고 있어요.

지금까지 알려진 생물 중에 지구의 역사상 몸길이가 가장 긴 동물이에요.

아르젠티노사우루스
데이터
- **분류**: 용반류, 용각류
- **식성**: 초식
- **시대**: 백악기 후기
- **주요 서식지**: 아르헨티나
- **몸길이**: 약 35미터
- **몸무게**: 약 70톤

티타노사우루스
데이터
- **분류**: 용반류, 용각류
- **식성**: 초식
- **시대**: 백악기 후기
- **주요 서식지**: 인도
- **몸길이**: 약 37미터
- **몸무게**: 약 70톤

뼈 화석은 일부만 발견되었어요.
다리가 짧고 등에 갑옷이 있었던 것으로 추정해요.

공룡 상식

대형 용각류는 체온이 높았다?

용각류는 몸집이 커지면서 체온이 잘 떨어지지 않아 오랫동안 활동할 수 있었어요. 하지만 몸에 열이 많으면 체온이 지나치게 상승하여 몸을 구성하는 단백질이 변하기 때문에 긴 목과 꼬리로 열을 방출하는 냉각 시스템을 갖추고 있었지요.

공룡의 비밀 8

인기도

혹과 가시, 탱크 같은 두꺼운 갑옷으로 몸을 보호한 곡룡

키워드 · 다양한 곡룡

공룡 중에는 갑옷처럼 단단한 피부로 몸을 보호하는 종이 나타났는데, 각각 다양한 형태로 진화했어요.

노도사우루스
데이터

분류 : 조반류, 곡룡류 **식성** : 초식
시대 : 백악기 후기 **주요 서식지** : 미국
몸길이 : 약 6미터 **몸무게** : 약 3.5톤

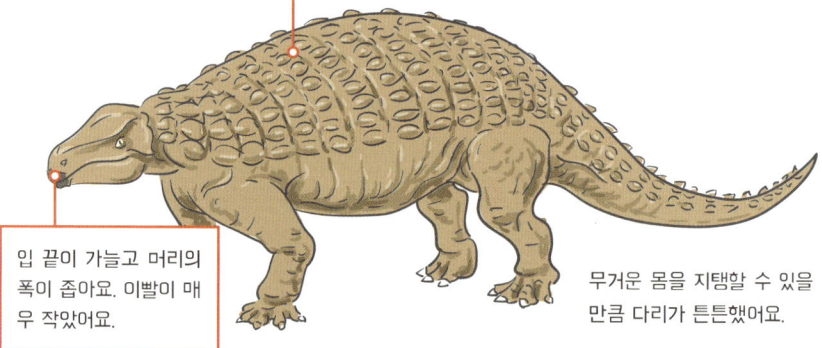

뼈가 변형된 작은 혹이 늘어선 갑옷이 등을 덮고 있어요.

입 끝이 가늘고 머리의 폭이 좁아요. 이빨이 매우 작았어요.

무거운 몸을 지탱할 수 있을 만큼 다리가 튼튼했어요.

초기에 발견된 곡룡 노도사우루스

곡룡류 중 초기에 발견된 노도사우루스 무리는 꼬리에 혹이 없어요. 노도사우루스의 화석은 일부 골격밖에 없었지요. 그런데 **2011년에 기적적으로 피부 조직과 갑옷이 남아 있는 갑옷 미라 상태의 전신 화석(보레알로펠타)이 발견되어** 화제를 모았어요.

안킬로사우루스 무리와 비슷한 노도사우루스 무리

안킬로사우루스류(77쪽 참고)와 비슷한 종인 노도사우루스의 일종은 안킬로사우루스보다 두개골이 길고 폭이 좁고 큰 가시가 있는 개체도 있어요. 그리고 안킬로사우루스와 비슷한 종인 폴라칸투스 무리의 두개골은 안킬로사우루스과와 노도사우루스과 양쪽의 특징을 모두 지니고 있어 둘 중 한쪽에 속하는 원시적인 종으로 추정하고 있어요.

노도사우루스 무리

가르고일레오사우루스
데이터

분류 : 조반류, 곡룡류   **식성** : 초식
시대 : 쥐라기 후기   **주요 서식지** : 북아메리카
몸길이 : 약 3미터   **몸무게** : 약 1톤

등에 난 갑옷 형태의 뼈가 노도사우루스보다 크고 목에서 꼬리에 걸쳐 줄지어 늘어서 있어요.

폴라칸투스
데이터

분류 : 조반류, 곡룡류   **식성** : 초식
시대 : 백악기 전기   **주요 서식지** : 영국
몸길이 : 약 5미터   **몸무게** : 약 2톤

어깨에서 허리에 걸쳐 가시가 있어요. 허리 위 골판 모양의 뼈는 몸통을 보호했어요.

공룡 상식

뼈가 발달한 곡룡의 갑옷

장순류에게는 적에게서 자신의 몸을 지키는 장비가 있어요. 그 일종인 곡룡의 갑옷은 피부 속의 뼈가 발달한 것이랍니다. 곡룡 무리는 쥐라기 후기부터 백악기 후기에 걸쳐 번성했고, 혹이나 가시, 골판 등 다양한 형태로 갑옷을 진화시켰어요.

공룡의 비밀 9

인기도

꼬리 끝의 해머로 적을 물리친 안킬로사우루스

키워드 — **가장 큰 곡룡**

가장 큰 갑옷 공룡이었던 안킬로사우루스의 화석은 일부만 발견되어 알려지지 않은 부분이 많아요.

안킬로사우루스
데이터

분류 : 조반류, 곡룡류 **식성** : 초식
시대 : 백악기 후기 **주요 서식지** : 미국
몸길이 : 약 7미터 **몸무게** : 약 6톤

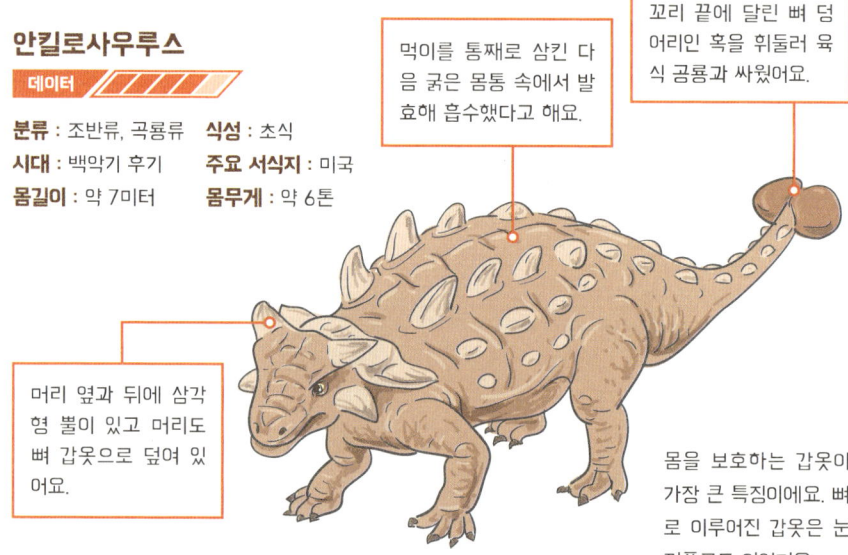

먹이를 통째로 삼킨 다음 굵은 몸통 속에서 발효해 흡수했다고 해요.

꼬리 끝에 달린 뼈 덩어리인 혹을 휘둘러 육식 공룡과 싸웠어요.

머리 옆과 뒤에 삼각형 뿔이 있고 머리도 뼈 갑옷으로 덮여 있어요.

몸을 보호하는 갑옷이 가장 큰 특징이에요. 뼈로 이루어진 갑옷은 눈꺼풀로도 이어져요.

가장 큰 곡룡 안킬로사우루스

안킬로사우루스는 몸에 갑옷을 두른 장순류 중에서도 약 7미터로 크고 긴 몸을 자랑했어요. 다리가 짧아 키는 작았지만 몸이 가로로 넓고 두꺼웠어요. 갑옷으로 뒤덮인 몸으로 걷는 모습이 마치 장갑차처럼 보였을 거예요.

백악기에 등장해 진화한 안킬로사우루스류

북아메리카, 유럽, 동아시아에서 번성한 안킬로사우루스류는 종류가 다양해요. 개성 넘치는 모습 때문에 인기가 많지만, 상태가 좋은 화석 표본이 많이 발견되지 않아 많은 연구가 필요해요.

안킬로사우루스 무리

피나코사우루스
데이터

분류 : 조반류, 곡룡류   **식성** : 초식
시대 : 백악기 후기   **주요 서식지** : 몽골
몸길이 : 약 5미터   **몸무게** : 약 2톤

곡룡류 중에서도 특히 갑옷이 매우 튼튼하며 몸통 옆에도 가시 형태의 혹이 있어요.

타르키아
데이터

분류 : 조반류, 곡룡류   **식성** : 초식
시대 : 백악기 후기   **주요 서식지** : 몽골
몸길이 : 약 5.5미터   **몸무게** : 약 2.5톤

공룡 시대 가장 후기에 살았던 아시아에서 가장 큰 곡룡이에요.

공룡 상식

안킬로사우루스의 혹은 무엇으로 이루어져 있을까?

꼬리 끝에 달린 뼈 뭉치는 골판 여러 개가 변형된 것도 있고 꼬리뼈가 굳어 생긴 것도 있어요. 혹과 연결된 몸통 쪽 일곱 개의 꼬리뼈가 단단하게 굳어 곤봉이 되었지요. 이것으로 육식 공룡의 다리를 공격했을 거예요.

공룡의 비밀 10

인기도

박치기가 특기인 공룡

키워드

딱딱한 머리 — 헬멧같이 툭 튀어나온 머리로 박치기를 해서 동료끼리 서열을 정했다는 등 여러 가지 설이 있어요.

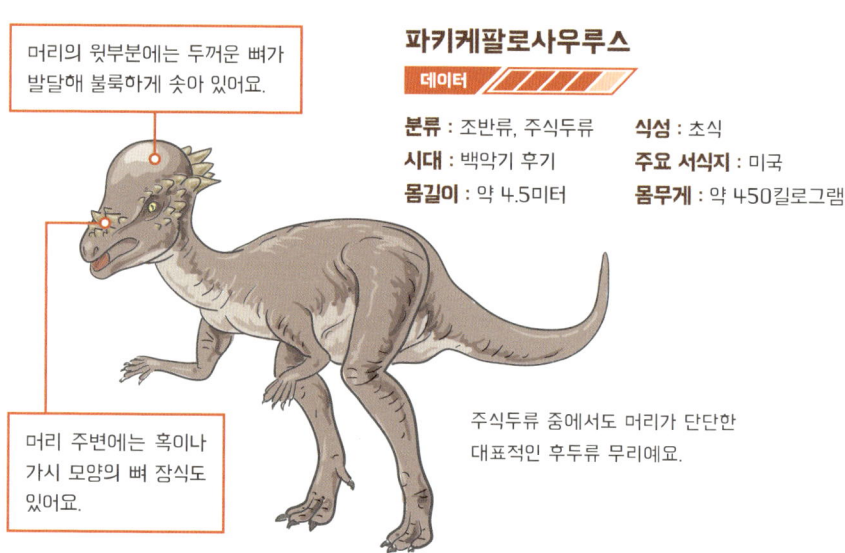

파키케팔로사우루스
데이터

- **분류** : 조반류, 주식두류
- **시대** : 백악기 후기
- **몸길이** : 약 4.5미터
- **식성** : 초식
- **주요 서식지** : 미국
- **몸무게** : 약 450킬로그램

머리의 윗부분에는 두꺼운 뼈가 발달해 불룩하게 솟아 있어요.

머리 주변에는 혹이나 가시 모양의 뼈 장식도 있어요.

주식두류 중에서도 머리가 단단한 대표적인 후두류 무리예요.

단단한 머리는 박치기를 위한 것일까요? 전시용이었을까요?

파키케팔로사우루스의 가장 큰 특징은 헬멧처럼 불룩 솟은 머리예요. 이 머리를 어디에 사용했는지에 관해서는 다양한 설이 있어요. 동료끼리 박치기를 하며 힘센 순위를 정했다는 설이 가장 유명하지요. 하지만 머리뼈가 강하지 않았기 때문에 암컷을 유혹하는 과시용이라고 추정해요.

머리뼈가 단단하지 않았기 때문에 머리와 머리를 부딪치는 박치기가 아니라 상대의 옆구리 등을 머리로 밀며 싸웠을 것으로 추정해요.

파키케팔로사우루스 무리

성장하면서 머리의 모양이 변했다?

파키케팔로사우루스 무리 중에는 파키케팔로사우루스보다 크기가 작고 머리에 가시가 있는 스티키몰로크, 크기가 더 작고 콧등이 긴 드라코렉스가 있어요. 이 세 종류는 모두 머리의 형태가 다르지만 사실 자라면서 머리의 돔이 커져 파키케팔로사우루스가 되는, 성장 단계에 있는 동일종으로 생각하는 연구자도 있어요.

스티키몰로크
데이터

- **분류** : 조반류, 주식두류
- **식성** : 초식
- **시대** : 백악기 후기
- **주요 서식지** : 미국
- **몸길이** : 약 3미터
- **몸무게** : 약 78킬로그램

어린 파키케팔로사우루스란 설도 있어요.

스테고케라스
데이터

- **분류** : 조반류, 주식두류
- **식성** : 초식
- **시대** : 백악기 후기
- **주요 서식지** : 미국
- **몸길이** : 약 2.2미터
- **몸무게** : 약 40킬로그램

파키케팔로사우루스의 근연종. 이름은 '뿔이 있는 지붕'이란 뜻이에요.

공룡 상식

날카로운 이빨은 무엇을 위한 걸까?

2018년 미국에서 열린 척추동물고생물학학회에서 보존 상태가 좋은 어린 파키케팔로사우루스의 턱 화석에 관해 보고했어요. 그때 턱 끝에 날카로운 이빨이 있다고 발표하면서 식성에 관해 주목을 모았어요.

공룡의 비밀 11

큰 뿔과 프릴로 적을 위협한 트리케라톱스

키워드 | **뿔과 프릴** : 오랜 진화 끝에 긴 창 모양의 뿔과 두개골 절반 길이의 거대한 프릴(물결 모양의 가장자리 뼈)을 얻었어요.

트리케라톱스
데이터

- **분류** : 조반류, 용각류
- **시대** : 백악기 후기
- **몸길이** : 약 9미터
- **식성** : 초식
- **주요 서식지** : 미국
- **몸무게** : 약 9톤

머리 뒤의 뼈가 발달하여 큰 프릴이 되었어요.

큰 뿔과 프릴은 적과 라이벌을 위협하는 효과가 있어요.

공룡 시대의 마지막인 백악기 말에 번성했어요.

세 개의 뿔과 큰 프릴

트리케라톱스(세 개의 뿔이 있는 얼굴)는 이름의 유래가 된 세 개의 뿔과 거대한 두개골의 절반을 차지하는 거대한 프릴이 특징이에요. 눈 위 두 개의 뿔은 다 자라면 길이가 1미터나 된다고 해요. 이 세 개의 뿔을 서로 맞대고 무리에서 수컷끼리 싸웠다는 설도 있어요. 큰 프릴은 방어 외에도 암컷을 유혹하기 위한 과시용이었다고 추정해요.

원시 각룡에게는 뿔이 없었어요

원시 각룡류에게는 뿔이나 프릴이 없었지만 진화 과정에서 발달했어요. 쥐라기와 백악기 전기에 살았던 프로토케라톱스류의 대부분은 아시아에 있었어요. 백악기 후기에 북아메리카로 넘어가 트리케라톱스 등 케라톱스류가 되면서 다양한 모습으로 진화했어요.

가장 원시적인 각룡류의 일종이에요. 아직 뿔이나 프릴이 없어요.

위턱 끝에 부리 모양의 뼈가 있으며, 볼 뼈가 옆으로 튀어나와 있어요.

프시타코사우루스
데이터

- **분류** : 조반류, 각룡류
- **시대** : 백악기 전기
- **몸길이** : 약 1~2미터
- **식성** : 초식
- **주요 서식지** : 몽골, 중국, 태국
- **몸무게** : 약 9~20킬로그램

위턱의 부리와 어금니 사이에 난 작은 이빨이 특징이에요.

프로토케라톱스
데이터

- **분류** : 조반류, 각룡류
- **시대** : 백악기 후기
- **몸길이** : 약 2.5미터
- **식성** : 초식
- **주요 서식지** : 몽골
- **몸무게** : 약 180킬로그램

새끼에서 성체에 이르기까지 아시아에서 가장 많은 화석이 발견되는 각룡이에요.

공룡 상식

트리케라톱스와 토로사우루스는 같은 종이다?

각룡류에서 몸집이 큰 편인 토로사우루스는 지금까지 트리케라톱스와는 다른 종으로 분류되었어요. 하지만, 최근 트리케라톱스가 성장한 모습이라는 설이 주목받고 있어요. 찬반 의견이 팽팽해 계속 논의 중이랍니다.

공룡의 비밀 12

인기도

이족 보행과 사족 보행을 같이 한 공룡

키워드

이구아노돈

평소에는 네 다리로 걷다가 적에게 습격당했을 때는 두 다리로 달려 도망친 것으로 추정해요.

이족 또는 사족 보행을 하는 초식 공룡. 이빨이 이구아나와 닮아 붙은 이름이에요.

이구아노돈

데이터

- **분류** : 조반류, 조각류
- **시대** : 백악기 전기
- **몸길이** : 약 8미터
- **식성** : 초식
- **주요 서식지** : 유럽
- **몸무게** : 약 3.2톤

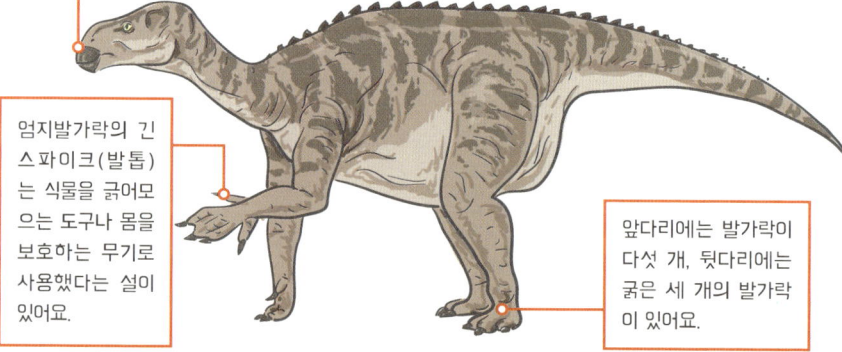

부리가 식물을 뜯어 먹기에 적합했어요.

엄지발가락의 긴 스파이크(발톱)는 식물을 긁어모으는 도구나 몸을 보호하는 무기로 사용했다는 설이 있어요.

앞다리에는 발가락이 다섯 개, 뒷다리에는 굵은 세 개의 발가락이 있어요.

새끼는 이족 보행, 어미는 사족 보행이었을까요?

아직 공룡이란 개념이 없던 19세기 영국에서 처음으로 화석이 발견된 종이에요. 새끼는 두 다리로 걷다가 커서는 앞다리의 가운데 세 발가락을 땅에 대고 몸무게를 지탱하며 네 다리를 이용해 시속 5킬로미터로 걸었어요. 급할 때는 몸을 세우고 두 다리로 시속 20킬로미터로 달렸다는 설도 있어요.

서서히 번성했던 조각류 무리들

조각류는 조반류 중에서 약 40퍼센트를 차지하는 **가장 다양하게 진화한 큰 무리**예요. 이구아노돈이 대표적인 조각류예요. 남극을 포함한 전 세계의 모든 장소에서 화석이 발견되었어요. 조각류는 초기에는 소형 종이 많았지만 백악기가 되자 대형화한 종이 늘었고 무리의 종류도 눈에 띄게 많아졌어요.

짧은 앞발의 넓은 손바닥으로는 사물을 잡을 수 있었다고 해요.

오스니엘로사우루스
데이터
- **분류** : 조반류, 조각류
- **시대** : 쥐라기 후기
- **몸길이** : 약 2.2미터
- **식성** : 초식
- **주요 서식지** : 북아메리카
- **몸무게** : 약 30킬로그램

두개골의 일부에 부리가 있고 이빨도 있어요.

힙실로포돈
데이터
- **분류** : 조반류, 조각류
- **시대** : 백악기 전기
- **몸길이** : 약 2미터
- **식성** : 초식
- **주요 서식지** : 영국
- **몸무게** : 약 20킬로그램

뒷다리가 길어 빨리 달렸을 것으로 추정해요.

공룡 상식

괴수가 된 이구아노돈?

19세기의 영국 의사 맨텔이 이구아노돈을 발견하고 맨 처음 연구를 시작했어요. 그는 이구아노돈 엄지발가락의 긴 스파이크를 코끝의 뿔로 생각해 몸길이가 70미터인 괴수 모양의 복원 모델을 그려 세계를 놀라게 했어요.

신기한 공룡 이야기 03

세계에서 가장 먼저 발견된 공룡은?

메갈로사우루스와 이구아노돈

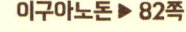
이구아노돈 ▶ 82쪽

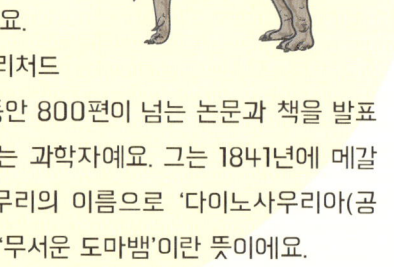

공룡 연구를 막 시작했던 19세기에 최초로 발견된 공룡은 수각류 메갈로사우루스와 조각류 이구아노돈이었어요. 이구아노돈은 영국의 고생물학자이자 의사인 기디언 맨텔이 발견했어요.

같은 영국인인 초기 고생물학자 리처드 오언은 60년에 가까운 연구 기간 동안 800편이 넘는 논문과 책을 발표했을 정도로 19세기 유럽을 대표하는 과학자예요. 그는 1841년에 메갈로사우루스와 이구아노돈을 합친 무리의 이름으로 '다이노사우리아(공룡)'를 주장했는데 이는 그리스어로 '무서운 도마뱀'이란 뜻이에요.

메갈로사우루스 ▶ 95쪽

공룡의 비밀 13

인기도

손가락이 하나밖에 없는 공룡 알바레즈사우루스

키워드

하나의 발톱

새와 같은 모습이지만 하나밖에 없는 발톱으로 굴이나 나무에서 곤충을 파내 먹었어요.

새와 비슷해 보이지만 비조류형 공룡으로 분류해요.

알바레즈사우루스
데이터

분류 : 용반류, 수각류   **식성** : 육식(곤충)
시대 : 백악기 후기   **주요 서식지** : 아르헨티나
몸길이 : 약 1미터   **몸무게** : 약 3킬로그램

앞다리가 매우 짧았고 발가락과 발톱이 한 개씩만 있어요.

무릎 아래가 길어 빨리 달릴 수 있었다고 추측해요.

발가락 하나로 어떻게 살았을까요?

알바레즈사우루스는 두 다리로 걷고 다리와 꼬리가 길며 마치 새처럼 보이지만 소형 수각류의 일종이에요. 날개가 없으며, **짧은 앞다리에 하나뿐인 발가락으로 개미 굴이나 나무 속에 있는 곤충을 파내 먹었어요.** 다리가 길기 때문에 빠르게 달렸을 거예요.

공룡의 비밀 14

인기도

이구아노돈이 진화한 오리 주둥이 공룡

키워드

오리 모양의 부리

오리의 부리를 가진 하드로사우루스 무리는 전 세계에서 화석이 발견되는 공룡이에요.

하드로사우루스

데이터

분류 : 용반류, 조각류   **식성** : 초식
시대 : 백악기 후기   **주요 서식지** : 북아메리카
몸길이 : 약 7미터   **몸무게** : 약 2톤

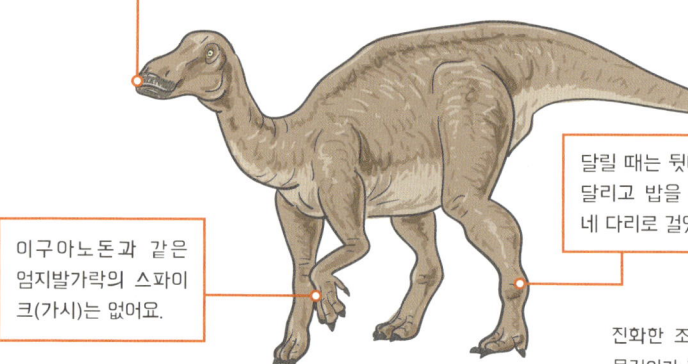

오리와 같은 각질의 부리가 있어 '오리 주둥이 공룡'이라고도 불러요.

이구아노돈과 같은 엄지발가락의 스파이크(가시)는 없어요.

달릴 때는 뒷다리만으로 달리고 밥을 먹을 때는 네 다리로 걸었어요.

진화한 조각류 그룹으로 몸길이가 10미터에 달하는 대형 종도 많았어요.

전 세계에서 번성한 하드로사우루스 무리들

하드로사우루스류처럼 북아메리카와 아시아에서 번성했지만 남극과 남아메리카 등 남반구에서도 화석이 발견되었어요. 그중에 람베오사우루스류는 머리에 다양한 볏이 발달했어요. 현재는 러시아에 속하지만 1934년에 일본령이었던 사할린섬에서 발견된 니폰노사우루스도 그 일종이에요.

하드로사우루스류 이빨의 특징

하드로사우루스류의 부리 속 어금니는 작은 이빨이 돌담처럼 줄지어 난 치대란 구조예요. 단단한 식물을 효율적으로 잘게 자르고 으깨는 데 적합했어요.

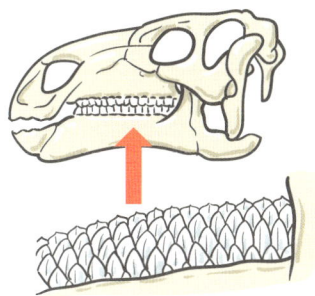

악기처럼 소리를 낸 공룡

람베오사우루스류는 머리에 다양한 모양의 볏이 있어요. 뼈로 만들어진 이 볏은 속이 비어 있어요. 그중에서도 파라사우롤로푸스는 길고 특이한 볏을 가졌는데 과거에는 이 볏을 스노클처럼 사용해 물속을 헤엄쳤다고 추정했어요. 현재는 코로 들이마신 공기를 공동(비어 있는 공간)에서 울리게 해 목관악기처럼 소리를 냈다고 보고 있어요.

> 코로 들이마신 숨을 볏 속을 통과시키며 울리게 해 크고 낮은 소리를 냈어요.

파라사우롤로푸스

데이터

분류 : 조반류, 조각류　**식성** : 초식
시대 : 백악기 후기　**주요 서식지** : 북아메리카
몸길이 : 약 10미터　**몸무게** : 약 6톤

볏으로 육식 공룡에게 들리지 않는 낮은음을 내서 무리와 신호를 주고받았다는 설도 있어요.

공룡 상식

파라사우롤로푸스의 볏 속

람베오사우루스류의 볏은 모양이 다양한데 파라사우롤로푸스의 볏은 길이가 1.8미터나 되며 볏 속에 구불구불 난 빈 공간은 길이가 3미터나 되었어요. 과거에는 냄새를 맡는 면적을 넓혀 후각을 발달시켰다고 주장하는 학자도 있었어요.

공룡의 비밀 15

타조처럼 발이 빠른 오르니토미무스

인기도

키워드: 날개가 있는 공룡

오르니토미무스 무리는 날개가 있는 가장 원시적인 공룡으로 추정해요.

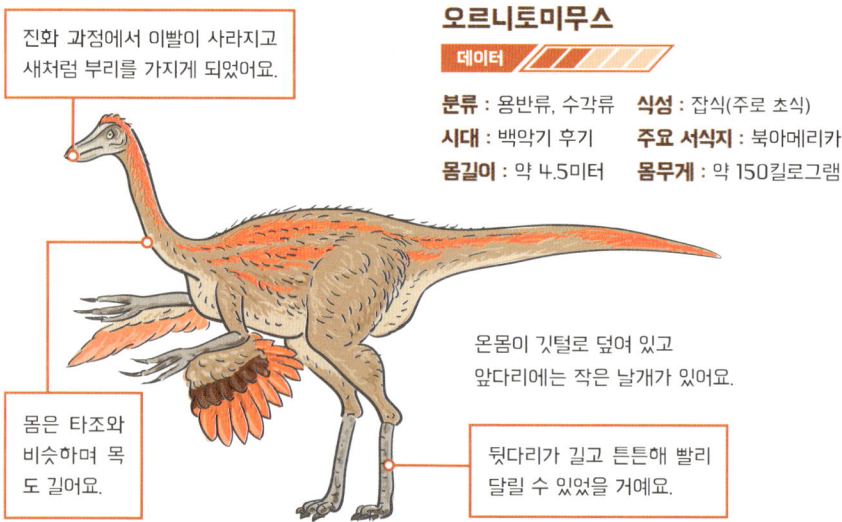

진화 과정에서 이빨이 사라지고 새처럼 부리를 가지게 되었어요.

몸은 타조와 비슷하며 목도 길어요.

오르니토미무스 데이터

분류 : 용반류, 수각류
식성 : 잡식(주로 초식)
시대 : 백악기 후기
주요 서식지 : 북아메리카
몸길이 : 약 4.5미터
몸무게 : 약 150킬로그램

온몸이 깃털로 덮여 있고 앞다리에는 작은 날개가 있어요.

뒷다리가 길고 튼튼해 빨리 달릴 수 있었을 거예요.

오르니토미무스는 머리가 좋았다고요?

오르니토미무스는 백악기 후기에 북아메리카에서 번성한 타조 공룡의 일종이에요. 생활도 타조와 비슷해서 주로 식물을 먹었을 거예요. 적에게 공격을 받으면 타조처럼 빠르게 달려 도망갔을 것으로 추정해요. 단, 골격이 비슷할 뿐 타조와는 관계가 없어요.

갈리미무스와 데이노케이루스

오르니토미무스류는 몸이 화려했어요. 크기는 가장 큰 종인 갈리미무스도 최대 6미터 정도였을 것으로 추정해요. 데이노케이루스는 1970년대에 발견된 이후 20세기까지 '수수께끼 공룡'으로 불렸어요. 2000년대에 나온 연구에서 데이노케이루스는 사실 오르니토미무스 무리란 사실이 밝혀졌어요. 데이노케이루스는 다른 오르니토미무스류와 다르게 몸이 가볍지 않고 크게 진화했어요.

머리는 작고 큰 눈과 부리가 있어요.

골격이 빨리 달리는 데 적합해요.

무릎 밑으로 다리가 길어 빨리 달릴 수 있었을 거예요.

갈리미무스

데이터

- **분류** : 용반류, 수각류
- **식성** : 잡식(주로 초식)
- **시대** : 백악기 후기
- **주요 서식지** : 몽골
- **몸길이** : 약 6미터
- **몸무게** : 약 450킬로그램

수수께끼 공룡 데이노케이루스

▼ 데이노케이루스 (33쪽 참고)

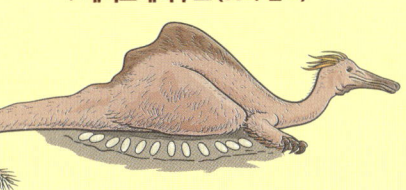

데이노케이루스는 다른 오르니토미무스류에 비해 몸집이 커요. 게다가 스피노사우루스처럼 등에 돛이 있고 다리 끝은 하드로사우루스과의 특징이 있어요. 그래서 오랫동안 어떤 분류에 속하는 종인지 수수께끼였어요.

공룡 상식

오르니토미무스는 초식으로 진화했다!

잡식인 곰과 대나무를 먹는 판다처럼 포유류 중에도 육식에서 초식이나 잡식으로 진화한 예가 적지 않아요. 오르니토미무스를 비롯한 타조 공룡은 수각류지만, 육식에서 초식으로 진화했을 것으로 추정해요.

신기한 공룡 이야기 04

공룡 전체의 공통 조상은 발견되지 않았다!

오래될수록 화석 발견이 어려워요

엄밀하게 말하자면 공룡이 언제 탄생했는지는 아직까지 밝혀지지 않았어요. 그리고 지금까지 공룡의 화석이 약 1,000여 종이나 발견되었지만 조반류와 용반류 두 무리의 공통 조상의 뼈 화석도 아직 발견되지 않았어요.

공룡의 화석은 트라이아스기부터 쥐라기, 쥐라기부터 백악기 등 새로운 시대로 넘어오면서 발견되는 숫자도 점점 많아졌어요. 이것은 시대가 흐를수록 공룡의 종류가 증가했기 때문이 아니라 현대와 시간이 가까울수록 화석이 잘 발견되기 때문이에요.

화석은 땅속에 오래 묻혀 있을수록 지층에서 노출되는 장소가 적어지고 발견도 어려워요. 이 때문에 2억 3000만 년 전에 살았던 것으로 추정하는 가장 오래된 에오랍토르(26쪽 참고)보다 이전 시대를 산 공룡의 공통 조상을 찾는 것은 무척 어려운 일이랍니다.

 3장

지역별 공룡 지도

북아메리카에는 다른 지역보다 많은 공룡 화석이 발견되었어요. 특히 쥐라기 후기에서 백악기 후기에 걸쳐 번성했어요. 트라이아스기의 코엘로피시스, 쥐라기의 알로사우루스, 백악기의 티라노사우루스, 트리케라톱스 등 유명한 종이 많아요.

북아메리카의 공룡

코엘로피시스

데이터

분류 : 용반류, 수각류 **식성** : 육식
시대 : 트라이아스기 후기~쥐라기 전기
주요 서식지 : 북아메리카
몸길이 : 약 2.2미터 **몸무게** : 약 40킬로그램

뼛속이 비어 있어 몸무게가 가벼운 초기 공룡이에요.

공룡 화석이 많이 발견된 북아메리카

현재 북아메리카에서 발견된 공룡 화석은 다른 지역에 비해 그 수가 매우 많아요. 특히 쥐라기 후기에서 백악기 후기에 걸쳐 번성했어요. 트라이아스기의 코엘로피시스, 쥐라기의 알로사우루스, 백악기의 티라노사우루스, 트리케라톱스 등 유명한 종이 많아요.

유럽의 공룡

에오티라누스
데이터

분류 : 용반류, 수각류　**식성** : 육식
시대 : 백악기 전기　**주요 서식지** : 영국
몸길이 : 약 3미터　**몸무게** : 약 70킬로그램

초기 티라노사우루스 무리로, 앞다리가 길고 앞발의 발가락이 세 개예요.

오랜 옛날부터 화석 발굴이 이루어진 지역

세계적으로 가장 옛날부터 공룡 화석을 발굴해 온 지역이 유럽이에요. 발견된 화석으로 살았던 시대를 추측하면 유럽의 공룡들은 중생대에 번성했어요. 특히 쥐라기 중기에서 백악기 전기에 걸쳐 종류가 많아졌어요.

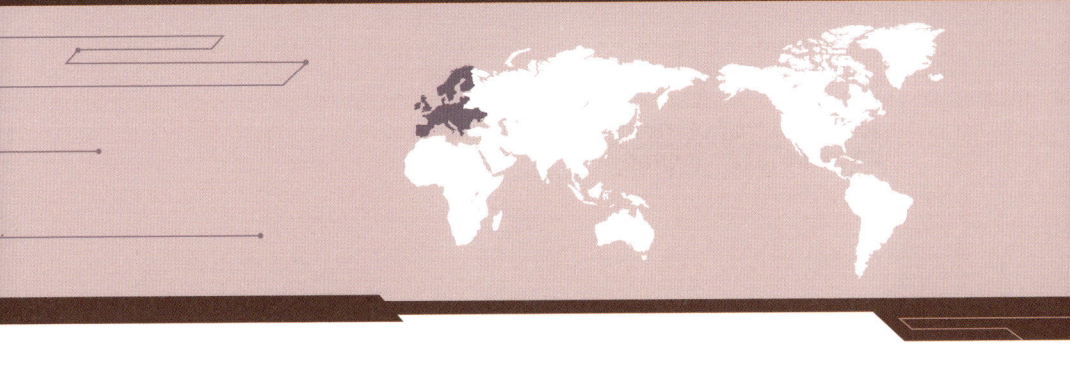

메갈로사우루스

데이터

분류 : 용반류, 수각류　**식성** : 육식
시대 : 쥐라기 중기　**주요 서식지** : 유럽, 북아메리카, 아시아
몸길이 : 약 6미터　**몸무게** : 약 700킬로그램

세계에서 최초로 정식 이름이 붙은 공룡으로 알려졌어요.

이구아노돈
▶ 82쪽

플라테오사우루스
▶ 141쪽

시조새
▶ 52~53쪽

중국, 몽골의 공룡

타르보사우루스

데이터

분류: 용반류, 수각류 **식성**: 육식
시대: 백악기 후기 **주요 서식지**: 몽골, 중국
몸길이: 약 9.5미터 **몸무게**: 약 4톤

아시아에서 가장 큰 육식 공룡으로 티라노사우루스와 비슷한 종이에요.

북아메리카에 이은 공룡 화석의 보고

중국과 몽골은 북아메리카에 이어 공룡 화석이 많이 발견된 지역이에요. 중국 랴오닝성에서 발견된 드로마에오사우루스류 등의 깃털 공룡과 몽골에서 발견된 둥지에서 알을 품고 있는 오비랍토르의 화석이 유명해요.

에우헬로푸스

데이터

분류 : 용반류, 수각류 **식성** : 육식
시대 : 백악기 후기 **주요 서식지** : 몽골, 중국, 러시아
몸길이 : 약 11미터 **몸무게** : 약 3.5톤

몸의 크기와 비교하면 목이 매우 길어요.

프시타코사우루스
▶ 81쪽

벨로키랍토르

남아메리카의 공룡

카르노타우루스
데이터

분류 : 용반류, 수각류　　**식성** : 육식
시대 : 백악기 후기　　**주요 서식지** : 남아메리카
몸길이 : 약 7.5미터　　**몸무게** : 약 2톤

발가락이 네 개인 앞다리가 매우 짧고 눈 위에 큰 뿔이 있어요.

북반구에서는 볼 수 없는 육식 공룡의 화석

지금까지 남아메리카에서 발견된 공룡은 대부분 아르헨티나에서 발견되었어요. 그중 절반 정도는 용각류예요. 북반구에서 볼 수 없던 기가노토사우루스나 카르노타우루스 등 육식 공룡이 발견되었어요. 조반류는 발견되는 수가 적고 각룡이나 티라노사우루스류는 발견되지 않는 것이 특징이에요.

기가노토사우루스
▶ 62쪽

아르젠티노사우루스
▶ 73쪽

등에 뼈로 된 갑옷이 있어요.
네 다리의 뼈는 가는 편이에요.

곤드와나티탄

데이터

분류 : 용반류, 용각류 식성 : 초식
시대 : 백악기 후기 주요 서식지 : 브라질
몸길이 : 약 7미터 몸무게 : 약 1톤

아프리카의 공룡

켄트로사우루스
데이터

분류 : 조반류, 검룡류   **식성** : 초식
시대 : 쥐라기 후기   **주요 서식지** : 탄자니아
몸길이 : 약 4미터   **몸무게** : 약 700킬로그램

원시 스테고사우루스의 일종. 화석은 제2차 세계 대전 중 폭격으로 대부분 사라졌어요.

앞으로 많은 발견이 기대되는 공룡 화석의 개척지

아프리카에서 발견된 공룡은 용각류가 많아요. 이구아노돈류 등의 유럽 공통의 종과 브라키오사우루스 등 북아메리카와 공통의 속도 있어요. 가장 유명한 공룡인 스피노사우루스의 화석도 유럽으로 운반되었다가 제2차 세계 대전 때 공습으로 소실되었어요.

파랄리티탄

데이터

분류 : 용반류, 용각류　**식성** : 초식
시대 : 백악기 후기　**주요 서식지** : 이집트
몸길이 : 약 20미터　**몸무게** : 약 20톤

해안가 맹그로브 숲 근처에 살았던 것으로 밝혀졌어요.

불카노돈
▶ 43쪽

브라키오사우루스
▶ 48~49쪽

스피노사우루스
▶ 64~65쪽

기타 지역의 공룡

인도, 러시아, 오스트레일리아에 서식했던 공룡

인도에서 발견된 공룡은 동아시아에서 발견된 공룡과는 종류가 달라요. 대부분 용각류이고 조반류는 전혀 발견되지 않았어요. 그 이유는 인도가 원래 남쪽의 곤드와나 대륙에서 분리된 다음 유라시아 대륙과 합쳐진 지역이기 때문이에요.

넓은 러시아에서 발견된 화석은 지금까지 모두 백악기의 종이에요.

오스트레일리아에서는 곡룡류 민미와 조각류 무타부라사우루스 등의 전신 화석이 발견되었지만 다른 지역의 종과는 관계가 거의 없어요. 다른 대륙에서 떨어져 나온 시기인 쥐라기 중기에서 백악기 중기까지 독특한 종이 진화한 것으로 추정해요.

올로로티탄
데이터

분류 : 용반류, 용각류　**식성** : 초식
시대 : 백악기 후기　**주요 서식지** : 러시아
몸길이 : 약 8미터　**몸무게** : 약 3.1톤

하드로사우루스 무리는 목의 뼈와 허리의 등뼈 수가 가장 많아요.

바라파사우루스

데이터

분류 : 용반류, 용각류 **식성** : 초식
시대 : 쥐라기 전기 **주요 서식지** : 인도
몸길이 : 약 12미터 **몸무게** : 약 7톤

원시 용각류로 추정해요.
두개골은 아직 발견되지 않았어요.

아우스트랄로베나토르

데이터

분류 : 용반류, 용각류 **식성** : 육식
시대 : 백악기 전기 **주요 서식지** : 오스트레일리아
몸길이 : 약 6미터 **몸무게** : 약 500킬로그램

중형 육식 공룡으로, 일본의 후쿠이랍토르에
가까운 종으로 추정해요.

한국의 공룡

공룡들의 천국, 한반도

8000만~1억 년 전 백악기 시대의 한반도는 공룡들의 천국이었어요. 기후가 따뜻하고 거대한 호수가 있었기 때문이지요. 물과 먹이가 풍부해 용각류, 조각류, 수각류 등 다양한 공룡이 살았어요. 그만큼 많은 공룡 화석이 발견되고 있어요. 우리나라에서 최초로 발견한 공룡 화석은 1972년 경상남도 하동에서 발견한 공룡알 화석이에요. 이후 한반도 곳곳에서 공룡 발자국과 뼈, 이빨, 새 발자국 화석이 발견되었답니다.

우리나라에서는 특히나 공룡 발자국 화석과 공룡알 화석이 많이 발견됐어요. 공룡 발자국 화석은 1982년에 경상남도 고성군 하이면 상족암 해안가에서 처음 발견되었어요. 한곳에서 용각류, 조각류, 수각류, 중생대 새의 발자국 화석까지 화석 수만 개가 나왔지요. 이처럼 경상남도 고성은 세계에서 손꼽히는 화석 산지랍니다.

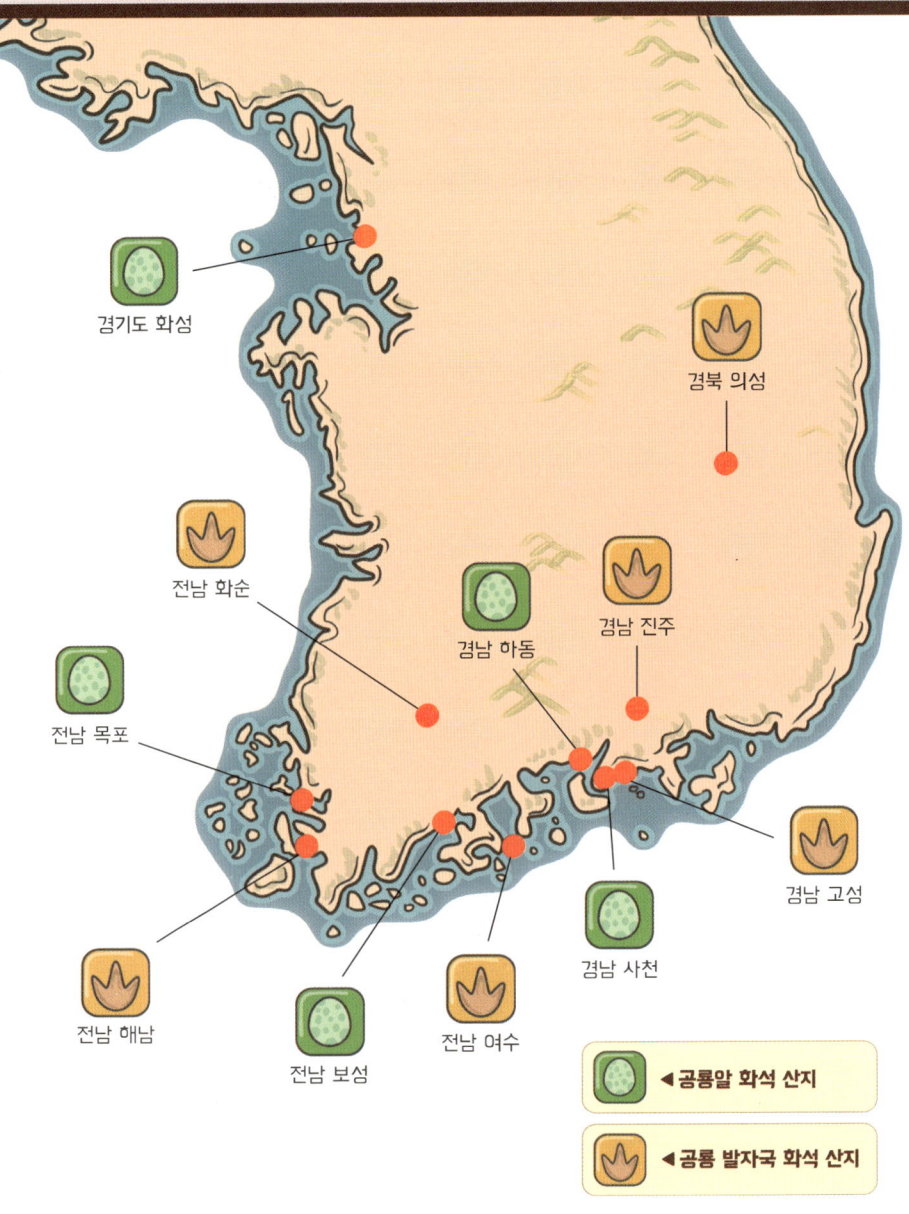

　대표적인 공룡알 화석 산지로는 전라남도 보성 비봉리와 경상남도 고성이 있어요. 이 밖에도 경기도 화성, 전라남도 해남과 화순, 여수, 경상남도 하동 등에서 공룡알과 발자국 화석이 나옵니다. 공룡 화석을 만날 수 있는 박물관으로는 고성공룡박물관, 해남공룡박물관, 목포자연사박물관 등이 있답니다.

우리말 이름이 붙은 공룡

우리나라에서는 공룡 화석이 꾸준히 발견되고 있어요. 최근에는 경상북도 의성에서 공룡 발자국이 발견되어 연구가 이루어지고 있답니다. 한반도에 살았던 수많은 공룡 중에서 우리말 이름이 붙은 공룡이 있어요. 바로 부경고사우루스 밀레니우미, 코리아케라톱스 화성엔시스, 코리아노사우루스 보성엔시스예요. 익룡으로는 해남이크누스 우항리엔시스도 있어요.

부경고사우루스 밀레니우미
데이터

분류 : 용반류 **식성** : 초식
시대 : 백악기 전기 **주요 서식지** : 유라시아
몸길이 : 약 20미터 **몸무게** : 약 20톤

목뼈 한 개의 길이가 40~80센티미터 정도로 목이 길었어요. 몸길이도 20미터 정도로 길었지요.

1999년 경상남도 하동군 앞바다에서 발견된 용각류 공룡이에요. '부경대학교 팀이 발견한 도마뱀'이라는 뜻으로 처음으로 우리나라 사람이 이름을 붙인 공룡이지요.

무거운 몸을 지탱하기 위해 다리가 튼튼해야 했고 꼬리도 길었어요.

해남이크누스 우항리엔시스

데이터

분류 : 익룡류 **식성** : 육식
시대 : 백악기 후기 **주요 서식지** : 유라시아
몸길이 : 약 10미터 **몸무게** : 약 90~200킬로그램

전라남도 해남에서 발자국이 발견되었어요. 해남이크누스는 사실 익룡의 이름이 아니라 발자국 화석에 붙인 이름이에요.

코리아케라톱스 화성엔시스

데이터

분류 : 조반류, 각룡류 **식성** : 초식
시대 : 백악기 전기 **주요 서식지** : 유라시아
몸길이 : 약 2미터 **몸무게** : 약 80킬로그램

우리나라에서 최초로 발견된 원시 각룡류예요. 코리아케라톱스는 '한국 뿔 얼굴'이라는 뜻이에요. 화성시에서 발견되어 '화성엔시스'라는 이름이 붙었지요. 꼬리가 넓적하고 납작한 것이 특징이에요.

넓적하고 납작한 꼬리 덕에 물에서 헤엄을 잘 쳤을 거예요.

코리아노사우루스 보성엔시스

데이터

분류 : 조각류 **식성** : 육식
시대 : 백악기 후기 **주요 서식지** : 유라시아
몸길이 : 약 2미터 **몸무게** : 약 60킬로그램

2003년에 전라남도 보성군 비봉리 해안가에서 발견된 조각류 공룡이에요. 뼈 화석이 잘 보존된 것으로 유명해요. 앞다리와 어깨가 튼튼한 것이 특징이에요.

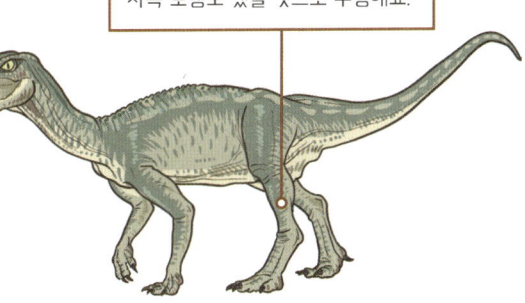

이족 보행도 하고, 사족 보행도 했을 것으로 추정해요.

일본의 공룡

일본에도 수많은 공룡이 살았어요

일본에서 발견된 공룡 중 학명이 붙은 것은 8속으로 그다지 많지 않아요. 그 이유는 발견되는 화석 표본이 뿔뿔이 흩어진 이빨과 뼈만 있는 경우가 많고 분류를 결정지을 만한 두개골이 거의 없기 때문이에요. 하지만 현재는 홋카이도에서 규슈에 이르기까지 광범위하게 공룡 화석이 발견되고 있어요. 지금까지 다음의 38개 지역에서 공룡 화석이 발견되었어요.

❶ 도쿠시마현 가쓰우라정(백악기 전기) : 이구아노돈류 등
❷ 후쿠오카현 기타규슈시, 미야와카시(백악기 전기) : 아도커스속 등
❸ 구마모토현 가미마시키군 미후네정(백악기 후기) : 미후네룡 등
❹ 구마모토현 아마쿠사시 고쇼우라정(백악기 후기) : 수각류 등
❺ 나가사키현 나가사키시 노모기(백악기 후기) : 하드로사우루스류 등
❻ 가고시마현 사쓰마센다이시 고시키지마열도(백악기 후기) : 케라톱스류 등

❼ 홋카이도 나카가와정(백악기 후기)
   : 테리지노사우루스류 등
❽ 홋카이도 유바리시(백악기 후기)
   : 곡룡(갑옷공룡)류 등

※ 38개 지역 중 (1)~(20)은 대표적인 공룡 화석의 산지(23개 지역). 그 외 15개 지역은 지도상에 표기했어요.

오비라정
아시베쓰시

❾ 홋카이도 무카와정(백악기 후기)
   : 엘라스모사우루스과, 카무이사우루스 등
❿ 이와테현 구지시(백악기 후기)
   : 티타노사우루스류, 코엘로사우루스류 등
⓫ 이와테현 이와이즈미정 모시(백악기 전기) : 모시룡 등
⓬ 후쿠시마현 이와키시(백악기 후기) : 후타바사우루스 등
⓭ 군마현 간나정(백악기 전기) : 스피노사우루스류 등
⓮ 도야마현 도야마시(백악기 전기) : 수각류 등
⓯ 이시카와현 하쿠산시 구와지마 멕코다니(백악기 전기)
   : 알발로포사우루스 등
⓰ 후쿠이현 가쓰야마시, 오노시(백악기 전기)
   : 후쿠이랍토르 등
⓱ 기후현 다카야마시 쇼가와정, 오노군 시라카와촌(백악기 전기)
   : 이구아노돈 등
⓲ 미에현 도바시(백악기 전기) : 토바룡 등
⓳ 효고현 단바시(백악기 전기) : 단바티타니스 등
⓴ 효고현 스모토시(백악기 후기) : 하드로사우루스과 등

미나미소마시
히로노마치

공룡이 발견된 주요 지층 그룹

- **A** 에조층 그룹
- **B** 구지층 그룹 / 미야코층 그룹
- **C** 이나이층 그룹
- **D** 후타바층 그룹
- **E** 산쥬층 그룹
- **F** 데토리층 그룹
- **G** 마쓰오층 그룹
- **H** 사사야마층 그룹
- **I** 이즈미층 그룹
- **J** 미후네층 그룹
- **K** 고쇼우라층 그룹
- **L** 히메노우라층 그룹

일본에서 화석이 발견된 주요 공룡

1978년에 이와테현에서 '모시룡'이 발견된 이후 일본에서도 계속해서 공룡 화석이 발견되었어요. 현재 쥐라기 후기에서 백악기 후기에 걸쳐 다양한 공룡이 일본에 살았던 것으로 밝혀지고 있어요.

후쿠이랍토르

데이터

분류: 용반류, 수각류　**식성**: 육식
시대: 백악기 전기
주요 서식지: 후쿠이현(데토리층 그룹)
몸길이: 약 5미터
몸무게: 약 300킬로그램

발견된 화석은 아직 젊은 공룡이지만 좀더 컸을 가능성이 있어요.

후쿠이사우루스

데이터

분류: 용반류, 조각류　**식성**: 초식
시대: 백악기 후기
주요 서식지: 후쿠이현(데토리층 그룹)
몸길이: 약 4.5미터
몸무게: 약 400킬로그램

이구아노돈의 무리, 위턱뼈의 형태로 독자적인 속종임을 인정받았어요.

알발로포사우루스

데이터

분류: 조반류, 조각류　**식성**: 초식
시대: 백악기 전기
주요 서식지: 이시카와현(데토리층 그룹)
몸길이: 약 1.7미터　**몸무게**: 약 2~9킬로그램

원시 조각류로, 일본에서 정식으로 학명이 부여된 공룡 중에서 가장 오래된 종이에요.

후쿠이티탄

데이터

분류: 용반류, 용각류　**식성**: 초식
시대: 백악기 전기　**주요 서식지**: 후쿠이현(데토리층 그룹)
몸길이: 약 10미터　**몸무게**: 불명

일본에서 처음으로 학명이 붙은 용각류로, 원시적인 티타노사우루스류예요.

코시사우루스

데이터

분류 : 조반류, 조각류
식성 : 초식
시대 : 백악기 전기
주요 서식지 : 후쿠이현(데토리층 그룹)
몸길이 : 약 3미터
몸무게 : 불명

이구아노돈 무리. 이름은 후쿠이현의 옛날 명칭인 '코시노쿠니'를 따서 붙였어요.

단바티타니스

데이터

분류 : 용반류, 용각류   **식성** : 초식
시대 : 백악기 전기
주요 서식지 : 효고현(시노야마층 그룹)
몸길이 : 약 20미터   **몸무게** : 약 20톤

백악기에 번성한 티타노사우루스류 중에서도 원시적인 종류예요.

후쿠이베나토르

데이터

분류 : 용반류, 수각류   **식성** : 잡식
시대 : 백악기 전기
주요 서식지 : 후쿠이현(데토리층 그룹)
몸길이 : 약 2.5미터   **몸무게** : 약 25킬로그램

소형 수각류로, 이빨의 특징으로 잡식성이라 추정해요.

카무이사우루스

데이터

분류 : 조반류, 조각류
식성 : 초식
시대 : 백악기 후기
주요 서식지 : 홋카이도(에조층 그룹)
몸길이 : 약 8미터   **몸무게** : 약 4~5.3톤

하드로사우루스 무리에서 화석은 '무카와룡'이란 이름으로 좀 더 친근해요.

111

신기한 공룡 이야기 05

남극 대륙에도 공룡이 있었다고?

남극 대륙에서 펼쳐진 약육강식

현재는 지구상에서 가장 추운 땅이 된 남극 대륙에서도 공룡의 화석이 발견되고 있어요. 전체 길이가 약 6미터나 되는 쥐라기 전기의 육식 공룡 크리올로포사우루스는 남극 대륙에서 발견된 공룡 중에 가장 먼저 이름이 붙여진 종이에요. 머리 위에 막대 모양의 볏이 특징이에요. 그리고 쥐라기 전기의 용각류 글라키알리사우루스도 발견되었는데 크리올로포사우루스의 먹잇감이 아니었을까 하고 추정하고 있어요.

이 밖에도 남극에서는 곡룡류인 노도사우루스 무리로 보이는 안타르크토펠타나 조각류 힙실로포돈류, 하드로사우루스류 등이 발견되었어요. 단, 중생대에 현재와 같은 얼음 대륙에서 공룡들이 살지는 않았을 거예요. 남극 대륙이 지금처럼 얼음으로 뒤덮인 것은 공룡이 멸종하고 난 뒤인 약 3000만 년 전의 일이에요.

▼ 크리올로포사우루스

 4장

공룡 시대를 산
하늘과 바다의 파충류

중생대의 하늘과 바다에는 마치 대형 공룡과 같은 거대한 몸을 가진 다양한 파충류가 있었어요. 이들은 공룡과 같은 시대를 살다가 백악기 마지막에 공룡들과 함께 땅에서 모습을 감추었어요.

공룡 시대를 산
하늘과 바다의 파충류 1

인기도

가장 오래된 새보다 7000만 년이나 앞서 하늘을 지배했던 익룡

키워드

가장 오래된 익룡 | 하늘을 날았던 최초의 척추동물 '익룡' 중에 에우디모르포돈은 가장 오래된 종 중 하나예요.

- 길고 유연한 꼬리를 가졌어요.
- 앞다리의 네 번째 발가락에서 자란 피부가 몸통과 이어져 날개가 되었어요.
- 현재 알려진 가장 오래된 익룡 중 하나예요. 이름은 '진짜 두 가지 종류의 이빨'이란 뜻이에요.
- 송곳니처럼 뾰족한 앞니와 돌기가 많은 복잡한 모양의 어금니가 있어요. 이 같은 두 종류의 이빨은 해수면 가까이 있는 물고기를 잡아먹는 데 적합했어요.

에우디모르포돈
데이터

분류: 오르니토디라, 익룡류
시대: 트라이아스기 후기
몸길이: 약 1미터
식성: 육식(물고기)
주요 서식지: 이탈리아
몸무게: 약 2~10킬로그램

익룡의 등장, 에우디모르포돈

익룡이 등장하기 이전에도 하늘을 글라이더처럼 활공하는 파충류는 있었지만 날갯짓을 해 하늘을 날았던 **최초의 척추동물은 익룡이었어요.** 그중에 하나가 에우디모르포돈이에요. 공룡이나 조류가 아닌 익룡은 가장 오래된 새인 시조새보다 약 7000만 년이나 빨리 등장했어요.

프레온닥틸루스

데이터

- **분류** : 오르니토디라, 익룡류
- **시대** : 트라이아스기 후기
- **몸길이** : 약 45센티미터
- **식성** : 육식(물고기 또는 곤충)
- **주요 서식지** : 이탈리아
- **몸무게** : 불명

원시적인 익룡으로, 람포링쿠스(116쪽 참고) 무리로 분류해요.

트라이아스기에 등장한 초기 익룡들

프레온닥틸루스나 아우스트리아닥틸루스는 트라이아스기 후기에 살았던 초기 익룡이에요. 긴 꼬리 끝에 달린 돛으로 균형을 잡았을 거예요.

몸 크기에 비해 날개가 작았어요.

◆ 익룡의 날개 구조

익룡의 날개는 길게 자란 네 번째 발가락과 다리 사이에 생긴 얇은 막이에요. 현재의 박쥐와 비슷하지만 박쥐는 엄지발가락 이외의 발가락 전체로 날개의 막을 지탱해요.

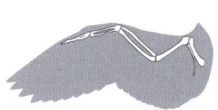

◆ 새의 날개

발가락을 포함한 앞다리 전체에 수많은 깃털이 나 있어요.

◆ 박쥐의 날개

엄지발가락 이외의 발가락뼈가 길게 자라 얇은 피부막을 지탱해요.

공룡 상식

단단한 비늘을 잘게 으깨는 두 종류의 이빨

파충류가 포유류처럼 종류가 다른 이빨을 가지는 것은 드문 일이에요. 에우디모르포돈은 두 종류의 이빨이 있는데, 옛날에는 물고기의 비늘이 매우 단단했기 때문이에요. 날카로운 앞니로는 물고기를 잡고 복잡한 형태의 어금니로는 비늘을 씹어 으깬 것이지요.

공룡 시대를 산
하늘과 바다의 파충류 2

인기도

익룡의 수가 갑자기 줄어든 이유는 공룡의 진화 때문이었어요

키워드

사족 보행
익룡은 공룡과 다르게 튼튼한 뒷다리가 없고 머리가 커서 균형을 잡기 쉽지 않았기 때문에 네 다리로 걸었어요.

람포링쿠스
데이터

분류 : 오르니토디라, 익룡류
시대 : 쥐라기 후기
몸길이 : 약 1.5미터
식성 : 육식(물고기 또는 곤충)
주요 서식지 : 독일, 탄자니아
몸무게 : 약 4킬로그램

입 끝이 부리의 형태를 띠며 바늘 모양의 이빨은 앞으로 튀어나와 있어요.

가장 큰 특징인 마름모꼴 모양의 꼬리날개는 성장하면서 삼각형이 되었어요.

야행성으로 추정해요. 날개의 막이 남아 있는 화석도 발견되었어요.

익룡은 땅 위를 걷기가 서툴렀어요

익룡과 공룡의 큰 차이는 뒷다리의 형태예요. 공룡은 굵은 뒷다리로 이족 보행을 하는 종이 많지만 익룡은 뒷다리가 가늘고 머리도 커서 두 다리로는 균형을 잘 잡지 못했어요. 그래서 지상에서는 앞다리로 땅을 짚으며 네 다리로 걸었을 것으로 추정해요.

땅 위에서는 네 발로 걸었어요
넓적다리 뼈가 새와 다르게 몸 아래로 뻗어 있지 않았기 때문에 이족 보행은 못했을 것으로 추정해요.

바닷새처럼 물고기를 사냥했어요
부리의 형태를 보면 바다 위를 낮게 날며 해수면 가까이 헤엄치는 물고기를 잡았을 것으로 보여요.

서서히 모습을 감추었어요

트라이아스기 후기에 나타난 익룡은 중생대에 하늘을 지배했어요. 그런데 람포링쿠스류 대부분은 쥐라기 말에는 모습을 감추었어요. 쥐라기 후기부터 번성하던 프테로닥틸루스류도 백악기에 급격하게 종류가 줄었어요. 그 원인으로는 익룡보다 비행에 뛰어난 조류가 하늘로 진출했기 때문이라고 해요.

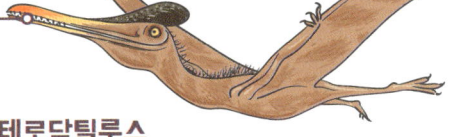

약 90개의 이빨이 줄지어 있어요. 성장한 개체의 머리 위에는 볏이 있어요.

프테로닥틸루스

데이터

분류 : 오르니토디라, 익룡류 **식성** : 육식(물고기)
시대 : 쥐라기 후기
주요 서식지 : 독일, 영국, 프랑스, 동아프리카
몸길이 : 약 1.5미터 **몸무게** : 약 1~5킬로그램

공룡 상식

진화 과정이 알려지지 않은 수수께끼의 생물

트라이아스기 후기에 출현한 익룡은 공룡과 마찬가지로 파충류 조상에서 진화했는데 그 중간 단계의 생물 화석(이행 화석)은 발견되지 않았어요. 그래서 조상이 나무를 오르는 파충류였는지, 땅 위를 달리는 파충류였는지 진화 과정이 밝혀지지 않았어요.

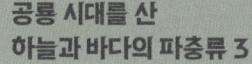

공룡 시대를 산
하늘과 바다의 파충류 3

인기도

가장 큰 익룡이 날개를 펼치면 대형 버스의 길이와 거의 같아요

키워드

대형 익룡 : 번성했던 대형종의 익룡은 크기가 소형 비행기 정도였는데 몸이 가벼워 능숙하게 날았어요.

매우 큰 종이지만 골격이 가볍고 날개도 가늘고 길었어요.

뒷다리가 가늘고 길어 땅에서 걸을 때는 사족 보행을 했어요.

대형 종은 날개를 펼치면 크기가 약 9미터가 된답니다.

프테라노돈
데이터

분류 : 오르니토디라, 익룡류 **식성** : 육식(물고기)
시대 : 백악기 후기 **주요 서식지** : 북아메리카, 일본
몸길이 : 약 6미터 **몸무게** : 약 16킬로그램

육지에서 100킬로미터나 떨어진 바다 위까지 비행했어요

프테라노돈은 화석이 1,000개 이상이나 발견된 매우 번성한 대형 익룡이에요. 몸이 크지만 몸무게는 16~20킬로그램 정도로 가벼워 비행에 매우 뛰어났어요. 백악기 후기에는 육지에서 1,000킬로미터나 떨어진 바다 지층에서도 화석이 발견되었어요. 다른 공룡이 멸종하기 전에 모습을 감추었는데 아직 원인이 밝혀지지 않았어요.

날개를 펼쳤을 때 크기가 약 11미터!

케찰코아틀루스는 매우 긴 목과 부리를 가진 역사상 가장 큰 익룡이에요. 네 발로 땅 위를 걸을 때는 키가 현재의 기린과 같은 정도(5미터 이상)였고, 날개를 펼치면 그 너비가 11미터나 되었지만 몸무게는 70킬로그램밖에 안 된다는 설이 있어요. 케찰코아틀루스는 중생대가 끝나는 백악기 후기까지 살아남은 최종 진화 단계의 익룡이에요.

케찰코아틀루스

데이터

분류 : 오르니토디라, 익룡류
시대 : 백악기 후기
몸길이 : 약 10~11미터
식성 : 육식(물고기)
주요 서식지 : 북아메리카
몸무게 : 약 70~200킬로그램

3미터

11미터

세계에서 가장 큰 익룡이었던 케찰코아틀루스는 날개를 펼치면 크기가 약 11미터나 되었어요. 이것은 대형 버스와 거의 비슷한 길이예요. 현재 조류 중 가장 큰 나그네알바트로스의 날개를 펼친 길이는 약 3미터예요.

공룡 상식

큰 날개로 효율적으로 날 수 있었다

프테라노돈 같은 대형 익룡의 날개는 파도가 일으키는 바람을 받아 내기 쉽게 형태가 가늘고 길어요. 이 날개로 효율적으로 비행하며 갈매기처럼 장거리를 이동했을 것으로 추정한답니다.

공룡 시대를 산
하늘과 바다의 파충류 4

일본에서 발견된 가장 오래된 어룡
우타츠사우루스

원시 어룡 | 우타츠사우루스는 원시적인 어룡으로 등에 지느러미가 없어 진화 과정의 특징을 살펴볼 수 있어요.

몸 전체가 가늘고 길며 장어처럼 좌우로 몸을 움직이며 헤엄쳤을 것으로 추정해요.

나중에 진화한 어룡과 달리 등에 지느러미가 없어요.

우타츠사우루스
데이터

- **분류** : 이궁류, 어룡류
- **시대** : 트라이아스기 전기
- **몸길이** : 약 3미터
- **식성** : 육식(물고기)
- **주요 서식지** : 일본(미야기현)
- **몸무게** : 불명

발굴 현장은 천연기념물(일본)로 지정되었어요

우타츠사우루스는 매우 원시적인 어룡으로, **조상인 육상 생물과 어룡 사이에 있는 진화 과정의 특징을 볼 수 있어요.** 다리가 진화하여 형성된 지느러미는 아직 크기가 작고, 다섯 개의 발가락 흔적이 남아 있어요. 꼬리 밑에는 가늘고 긴 지느러미가 있어요. 화석이 발견된 미야기현 우타쓰정(현재 미나미산리쿠정)의 발굴 현장은 화석과 함께 일본의 천연기념물로 지정되었어요.

신기한 공룡 이야기 06

일본에서 최초로 발견된 공룡은 하드로사우루스류

▼ 니폰노사우루스

화석 발견으로 공룡 붐이 시작됐어요

일본에서 공룡 화석은 2차 세계대전 전에 일본령이었던 사할린섬(현재는 러시아령)의 탄광 시설에서 처음 발견되었어요. 하드로사우루스류인 니폰노사우루스가 발견되면서 일본의 공룡 화석 발굴과 연구가 시작되었어요. 당시에는 지각 변동이 큰 일본에서 공룡을 발견하기 어렵다고 생각했어요.

그런데 1968년에 후쿠시마현 이와키시에서 후타바사우루스의 화석이 발견되어 전국적으로 화석 발굴 붐이 일었어요. 그런데 후타바사우루스는 공룡이 아니라 바다에서 서식하는 파충류, 수장룡이었어요. 그리고 1979년 마침내 용각류의 애칭 '모시룡'이 이와테현에서 발견되었어요. 이렇게 일본에도 공룡 화석이 있다는 사실이 알려졌고, 이어서 다른 지역에서도 여러 종류의 공룡 화석이 발견되었어요. 1980년대 이후에는 매년 화석의 새로운 산지가 발견되고 새로운 종과 속의 공룡이 발표되고 있어요. 일본의 공룡 연구는 이제 막 시작되었답니다.

◀ 후타바사우루스

공룡 시대를 산
하늘과 바다의 파충류 5

인기도

수장룡의 조상은
바다로 진출한 도마뱀이었어요

키워드

원시 수장룡

수장룡의 조상인 위룡류는 짧은 목 등의 원시적인 특징을 지니고 있어요.

파키플레우로사우루스

데이터

- **분류**: 기룡류, 위룡류
- **시대**: 트라이아스기 중기
- **몸길이**: 약 30~120센티미터
- **식성**: 육식(물고기)
- **주요 서식지**: 유럽
- **몸무게**: 불명

몸을 좌우로 구불거리며 헤엄쳤을 것으로 추정해요.

수장룡처럼 지느러미가 없고 발에 물갈퀴가 있어요.

도마뱀과 유사한 두개골을 보면 도마뱀에서 진화한 파충류임을 알 수 있어요.

도마뱀과 유사한 두개골 등 위룡류보다 원시적인 특징을 가진 무리. 목도 그다지 길지 않아요.

수장룡류의 조상, 위룡류

위룡류는 바다에 서식하는 파충류로 트라이아스기에 출현했어요. 다리에 물갈퀴가 있어요. 오른쪽에서 소개할 수장룡류는 위룡류의 초기 무리에서 분리된 것으로 추정해요. 파키플레우로사우루스는 수장룡의 조상이라는 노토사우루스보다 원시적인 특징이 있어요. 긴 턱에는 바늘 모양의 이빨이 바깥으로 나 있고 물고기나 오징어를 잡아먹었다고 해요.

케이초우사우루스

데이터

- **분류** : 기룡류, 위룡류
- **시대** : 트라이아스기 중기
- **몸길이** : 약 20~30센티미터
- **식성** : 육식(물고기)
- **주요 서식지** : 중국
- **몸무게** : 불명

원시적인 수장룡류들

위룡류는 유럽의 노토사우루스, 파키플레우로사우루스, 중국의 케이초우사우루스가 유명하며 일본의 미야기현에서도 메타노토사우루스의 화석이 발굴되었어요. 트라이아스기의 바다에는 수장룡과 위룡 외에도 유럽과 북아프리카, 중동 등에서 발견되는 이구아나나 도마뱀 또는 바다거북 모습을 한 '판치목' 무리도 있었어요.

화석의 배에서 새끼가 발견되면서 알에서 태어나지 않는다는 것이 밝혀졌어요.

큰 입에는 바늘같이 날카로운 이빨이 나 있어요.

바다표범처럼 얕은 바다나 육지에서 생활했을 것으로 추정해요.

노토사우루스

데이터

- **분류** : 기룡류, 위룡류
- **시대** : 트라이아스기 중기~후기
- **몸길이** : 약 4미터
- **식성** : 육식(물고기)
- **주요 서식지** : 유럽 전역, 중동, 중국
- **몸무게** : 약 90킬로그램

네 다리에는 물갈퀴가 있고 뒷다리가 길어요.

공룡 상식

'겉모습이 파충류'인 위룡류의 특징

위룡류의 몸은 수중 생활에 적합했어요. 굵고 무거운 갈비뼈 덕분에 몸이 물속으로 쉽게 가라앉았어요. 화석의 배에서 새끼가 발견되어 알 아닌 새끼를 낳은 것으로 밝혀졌어요. 위룡류란 '겉모습이 파충류'란 뜻이에요.

공룡 시대를 산
하늘과 바다의 파충류 6

인기도

목이 전체 길이의 절반 정도를 차지하는 수장룡이 있어요

키워드 | 수장룡의 식성

긴 목은 아래 방향으로만 움직일 수 있었어요. 긴 목으로 어패류뿐 아니라 해수면 가까이 날아온 익룡류를 잡아먹기도 했어요.

플레시오사우루스

데이터

분류 : 기룡류, 수장룡류
식성 : 육식(물고기)
시대 : 쥐라기 전기
주요 서식지 : 영국
몸길이 : 약 3미터
몸무게 : 약 300~450킬로그램

목은 위와 좌우로는 돌릴 수 없었기 때문에 주로 자신의 아래쪽에서 헤엄치는 물고기를 노렸을 거예요.

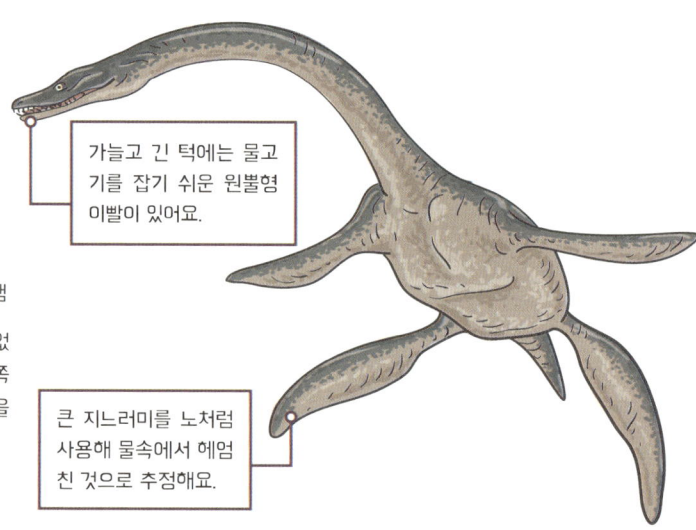

가늘고 긴 턱에는 물고기를 잡기 쉬운 원뿔형 이빨이 있어요.

큰 지느러미를 노처럼 사용해 물속에서 헤엄친 것으로 추정해요.

쥐라기에 출현한 수장룡

수장룡은 트라이아스기 후기에 나타난 수생 파충류 무리로, 노토사우루스류 등의 위룡류에서 분리되었을 것으로 추정해요. 이 무리는 쥐라기, 백악기에 걸쳐 번성했어요. 목이 길고 머리가 작은 플레시오사우루스류와 목이 짧고 머리가 큰 폴리오사우루스류 두 무리가 있어요. 대표 종인 플레시오사우루스는 목이 전체 길이의 거의 절반을 차지했어요.

바다 생물뿐 아니라 하늘과 육지의 생물도 잡아먹었다고요?

수장룡은 긴 목으로 주로 물고기를 사냥했는데 때로는 암모나이트 등의 조개류나 해수면 가까이에 날아온 익룡류, 육상의 작은 공룡류도 잡아먹은 것으로 알려졌어요. 수장룡 무리는 중생대부터 계속해서 번성했지만 다른 대형 수생 파충류와 마찬가지로 백악기 말에 멸종을 피하지 못하고 지구상에서 사라졌어요.

큰 악어 모양의 머리 부위에는 바늘 모양의 이빨이 있어요.

마크로플라타

데이터

- 분류 : 기룡류, 수장룡류
- 시대 : 쥐라기 전기
- 몸길이 : 약 4~5미터
- 식성 : 육식(물고기)
- 주요 서식지 : 영국
- 몸무게 : 불명

물고기를 잡는 데 알맞은 강한 턱과 바늘처럼 날카로운 이빨을 지녔어요.

물속에서는 냄새로 먹잇감을 잡았을 것으로 추정해요.

로말레오사우루스

데이터

- 분류 : 기룡류, 수장룡류
- 시대 : 쥐라기 전기
- 몸길이 : 약 7미터
- 식성 : 육식(물고기)
- 주요 서식지 : 영국
- 몸무게 : 불명

공룡 상식

플레시오사우루스류는 트라이아스기에 출현했다

대표 수장룡인 플레시오사우루스류는 지금까지 쥐라기에 출현했다고 알려졌어요. 그런데 트라이아스기 지층에서 무리의 일종인 래티코사우루스가 발견되어 트라이아스기와 쥐라기 사이의 대량 멸종에서 살아남았음이 밝혀졌어요.

공룡 시대를 산
하늘과 바다의 파충류 7

인기도

수장룡끼리 싸운 흔적이 화석으로 남았어요

키워드

수장룡끼리의 다툼 | 오스트레일리아의 바다에서 두 종류의 수장룡이 심한 싸움을 벌였어요.

크로노사우루스와 에로망가사우루스 모두 수장룡이지만 몸의 형태와 먹이는 다 달랐어요.

크로노사우루스
데이터

분류 : 기룡류, 수장룡류
식성 : 육식
시대 : 백악기 전기
주요 서식지 : 오스트레일리아
몸길이 : 약 12미터
몸무게 : 약 50톤

에로망가사우루스
데이터

분류 : 기룡류, 수장룡류   **식성** : 육식(물고기)
시대 : 백악기 전기   **주요 서식지** : 오스트레일리아
몸길이 : 약 9~10미터   **몸무게** : 불명

수장룡의 사투 흔적

1980년대에 발견된 에로망가사우루스 화석의 두개골에는 큰 육식동물에게 물린 흔적이 있어요. 잇자국 사이가 20센티미터나 되었답니다. 당시 에로망가사우루스 외에 에로망가 해변에 살았던 대형 수생 파충류는 크로노사우루스뿐이었어요. 백악기의 남반구 해양에서 **수장룡끼리 사투를 벌였다는 것을** 알 수 있어요.

중생대를 대표하는 두 종류의 수장룡

수장룡은 목의 길이에 따라 두 종류로 나눠요. 목이 긴 엘라스모사우루스 무리에는 일본에서 발견된 후타바사우루스(128쪽 참고)와 세계에서 최초로 발견된 수장룡 플레시오사우루스가 있어요. 악어와 유사한, 목이 짧은 플리오사우루스 무리에는 조금 목이 긴 마크로플라타와 이빨 길이가 30센티미터나 되는 크로노사우루스가 있어요.

엘라스모사우루스

데이터

- **분류** : 기룡류, 수장룡류
- **시대** : 쥐라기 전기
- **몸길이** : 약 14미터
- **식성** : 육식(물고기)
- **주요 서식지** : 영국
- **몸무게** : 약 2톤

입속에는 바깥쪽으로 난 바늘 모양의 날카로운 이빨이 있어요.

목뼈는 72개나 되었고 자유롭게 움직일 수 있었을 것으로 추정해요.

큰 턱의 힘은 티라노사우루스보다 네 배나 강했다는 설도 있어요.

플리오사우루스

데이터

- **분류** : 기룡류, 수장룡류
- **시대** : 쥐라기 전기
- **몸길이** : 약 12미터
- **식성** : 육식(물고기)
- **주요 서식지** : 영국
- **몸무게** : 불명

공룡 상식

수장룡은 무엇을 먹었을까?

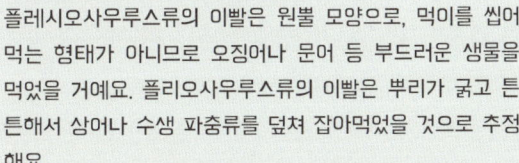

플레시오사우루스류의 이빨은 원뿔 모양으로, 먹이를 씹어 먹는 형태가 아니므로 오징어나 문어 등 부드러운 생물을 먹었을 거예요. 플리오사우루스류의 이빨은 뿌리가 굵고 튼튼해서 상어나 수생 파충류를 덮쳐 잡아먹었을 것으로 추정해요.

공룡 시대를 산
하늘과 바다의 파충류 8

인기도

일본 최초의 수장룡 화석은 고등학생이 발견했어요

키워드

후타바사우루스

후쿠시마현 이와키시에서 고등학생이 후타바사우루스 화석을 발견하면서 일본에서 처음으로 수장룡 연구가 시작되었어요.

후타바사우루스
데이터

분류 : 기룡류, 수장룡류
시대 : 백악기 후기
몸길이 : 약 6~9미터
식성 : 육식(물고기)
주요 서식지 : 일본(후쿠시마현)
몸무게 : 약 3~4톤

목의 길이가 몸의 절반 이상이었고 목의 뼈가 60~70개나 되는 것으로 추정해요.

일본에서 최초로 자세하게 연구된 수장룡이에요. 목이 매우 긴 엘라스모사우루스 무리예요.

일본의 고등학생이 발견한 수장룡

후타바사우루스의 화석은 1968년에 후쿠시마현 이와키시에서 고등학생이었던 스즈키 타다시가 발견했어요. 하지만 이 화석을 자세하게 연구하고 학명을 붙인 시기는 2006년이랍니다. 수장룡의 전문가 사토 다마키 박사팀이 다른 엘라스모사우루스류에 비해 화석의 눈과 코의 거리가 멀리 떨어져 있는 등 몇 가지의 특징을 발견하고 새로운 종임을 증명했어요.

신기한 공룡 이야기 07

백악기 바다를 자유롭게 헤엄쳐 다닌 거대 거북

역사상 가장 큰 거북이인 아르케론

거북류는 트라이아스기 후기 지층에서도 화석이 발견되는 고대 생물이에요. 거북류는 오랜 역사에서 바다와 육지에 다양한 무리를 번식시켰어요. 그중에서도 아르케론은 완전한 화석이 발견된 거북류 중에서 가장 큰 종이에요. 거북의 등딱지는 갈비뼈가 발달해 만들어지는데 아르케론의 등딱지는 피부와 각질판으로 덮여 있을 뿐 단단하지 않았어요.

또 아르케론은 네 개의 지느러미발을 등딱지 속으로 넣을 수 없어 적에게 습격을 당한 탓에 지느러미발이 없는 화석도 많아요. 아르케론을 노린 생물도 얕은 바다에 살았던 대형 모사사우루스류였을 것으로 추정해요.

당시에 이렇게 거대한 거북류는 육지에도 있었어요. 오스트레일리아에는 홍적세(인류가 발생하여 진화한 시기)의 인류시대 초기까지 전체 길이가 2미터나 되는 메이올라니아가 서식했어요.

아르케론

데이터

분류: 이궁류, 거북류　**식성**: 잡식
시대: 백악기 후기　**주요 서식지**: 미국
몸길이: 약 4미터　**몸무게**: 약 2톤

공룡 시대를 산
하늘과 바다의 파충류 9

인기도

앞서서 돌고래의 형태와 색을 띠었던 어룡

키워드

수렴 진화

어룡류는 마치 돌고래와 같은 모습으로 수렴 진화※한 파충류의 일종이에요.

※ 수렴 진화 … 다른 종이 진화한 결과, 같은 형태나 특징을 가지는 것이에요.

이크티오사우루스

데이터

분류 : 이궁류, 어룡류 **식성** : 육식(물고기)
시대 : 트라이아스기 후기
주요 서식지 : 벨기에, 잉글랜드, 독일, 스위스, 인도네시아
몸길이 : 약 2~3미터 **몸무게** : 약 90킬로그램

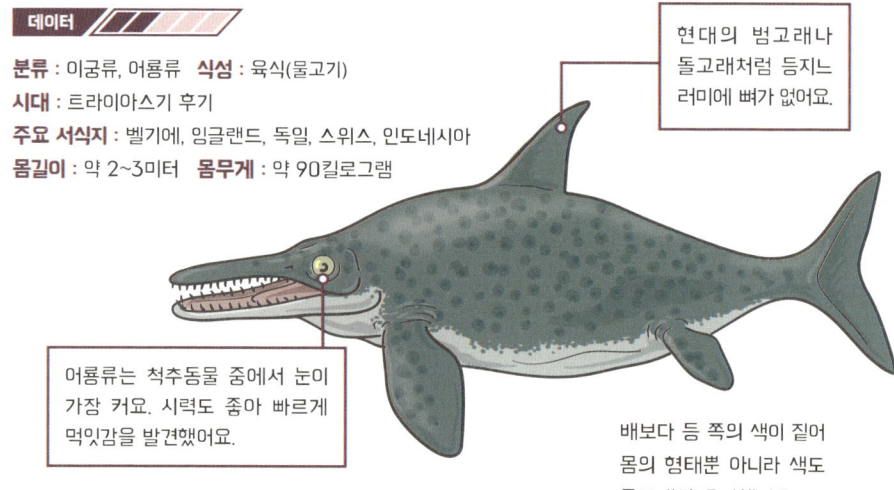

현대의 범고래나 돌고래처럼 등지느러미에 뼈가 없어요.

어룡류는 척추동물 중에서 눈이 가장 커요. 시력도 좋아 빠르게 먹잇감을 발견했어요.

배보다 등 쪽의 색이 짙어 몸의 형태뿐 아니라 색도 돌고래와 유사했어요.

돌고래의 모습으로 진화한 파충류

어룡은 바다에 서식한 파충류의 일종으로, 네 다리는 지느러미로 진화해 돌고래와 같은 모습이었어요. 생물은 자신이 사는 환경에 적합한 모습으로 '수렴 진화'를 해요. 이크티오사우루스가 돌고래와 닮은 이유도 먹이를 쫓아 빨리 헤엄치거나 멀리까지 나아가는 데 가장 좋은 형태였기 때문이에요.

트라이아스기의 바다를 지배한 가장 큰 어룡

쇼니사우루스는 몸의 크기가 20미터 이상으로, 당시 바다에서 가장 컸던 수생 파충류예요. 이후에 출현한 어룡도 이보다 더 큰 종은 없었어요. 1990년대 이후의 연구에서 몸이 길쭉한 다른 어룡보다 지느러미가 크고 길다는 사실이 알려졌어요. 입은 가늘고 길었는데 이빨이 퇴화해서 먹잇감을 입으로 빨아들여 잡았을 거예요.

쇼니사우루스

데이터

- **분류** : 이궁류, 어룡류
- **시대** : 트라이아스기 후기
- **몸길이** : 약 15~20미터
- **식성** : 육식(물고기)
- **주요 서식지** : 미국, 캐나다
- **몸무게** : 약 25~35톤

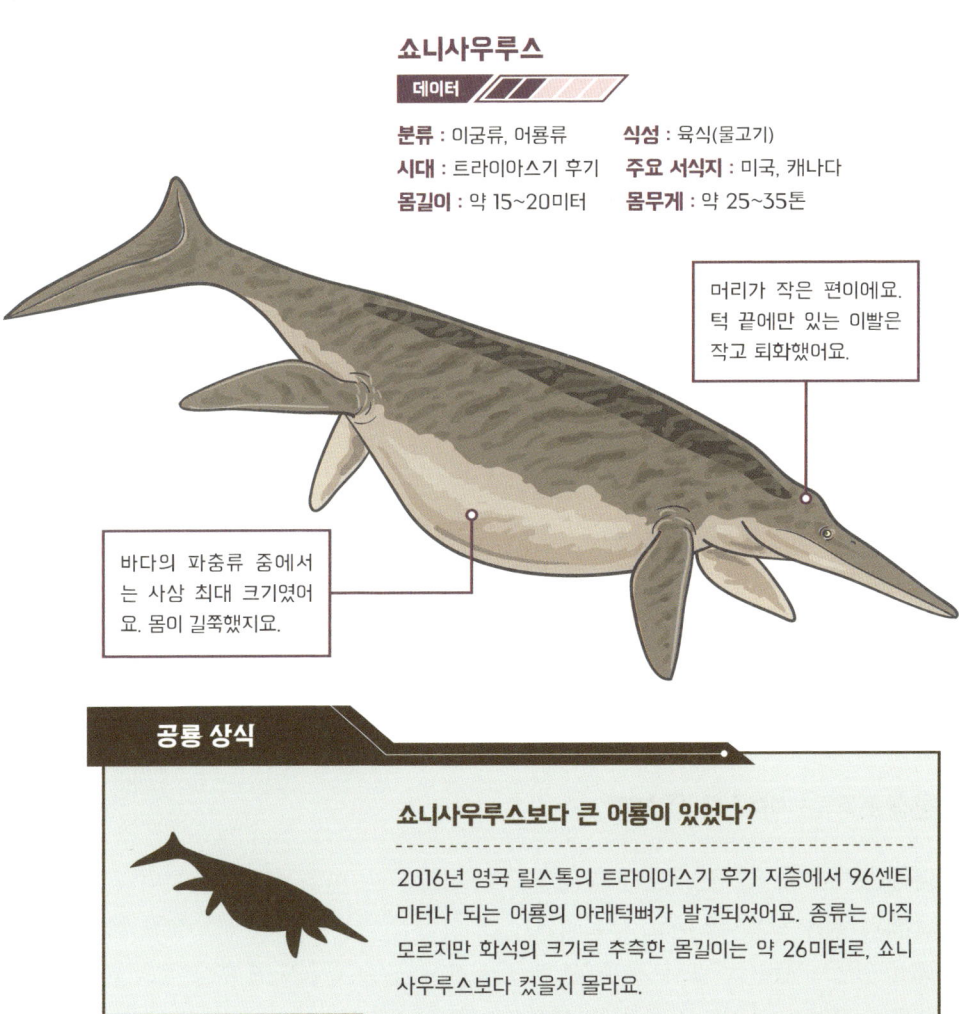

머리가 작은 편이에요. 턱 끝에만 있는 이빨은 작고 퇴화했어요.

바다의 파충류 중에서는 사상 최대 크기였어요. 몸이 길쭉했지요.

공룡 상식

쇼니사우루스보다 큰 어룡이 있었다?

2016년 영국 릴스톡의 트라이아스기 후기 지층에서 96센티미터나 되는 어룡의 아래턱뼈가 발견되었어요. 종류는 아직 모르지만 화석의 크기로 추측한 몸길이는 약 26미터로, 쇼니사우루스보다 컸을지 몰라요.

공룡 시대를 산
하늘과 바다의 파충류 10

인기도

어룡을 멸종으로 내몰았던 난폭한 바다의 왕자 모사사우루스

키워드

태생

모사사우루스류는 알이 아니라 새끼 상태로 태어났어요. 막 태어난 어린 틸로사우루스의 몸길이는 1~2미터 정도였어요.

틸로사우루스

데이터

분류 : 이궁류, 유린류
식성 : 육식(물고기)
시대 : 백악기 후기
주요 서식지 : 미국
몸길이 : 약 15미터
몸무게 : 약 10톤

강한 근육이 있지만 장어처럼 몸이 가늘고 길어요.

모사사우루스과에서는 최대종으로, 현재의 왕도마뱀과나 뱀과에 가까운 파충류였어요.

탐욕스러운 바다의 포식자

틸로사우루스는 탐욕스러운 사냥꾼으로 물고기나 상어 외에도 바닷새나 다른 모사사우루스류 등 자신보다 작은 동물은 거의 뭐든지 먹었다고 해요. 긴 꼬리는 근육이 발달해 바닷속에서 빠르게 속도를 냈을 것으로 추정해요. 입 끝으로 먹잇감을 죽인 뒤 통째로 삼켰다는 설도 있어요.

모사우루스의 등장으로 바다에서 모습을 감춘 어룡

백악기에 출현한 **모사우루스**는 모사우루스류 중에서도 가장 큰 종으로, 단단한 몸을 가졌어요. 트라이아스기부터 쥐라기까지 번성한 어룡은 결국 바다의 생태계 꼭대기에 있는 모사우루스와 수장룡에게 밀려 후기 백악기에 멸종해요.

화석으로 남은 거대한 몸은 상처투성이예요. 무리 내에서 많이 싸웠을 것으로 보여요.

바다에서 가장 강한 생물이었지만 사물을 입체적으로 보지 못하고 냄새를 맡는 능력도 떨어졌다고 해요.

턱에는 크고 날카로운 이빨이 있어 조개류도 가루로 만들었을 거예요.

모사우루스
데이터

분류 : 이궁류, 어룡류 **식성** : 육식(물고기)
시대 : 백악기 후기
주요 서식지 : 영국, 네덜란드, 벨기에, 미국
몸길이 : 약 15미터 **몸무게** : 약 40톤

공룡 상식

무엇이든 먹어 치운 식탐꾼

모사우루스는 거대한 몸으로 어류나 암모나이트 등의 조개류뿐 아니라 상어와 수장룡, 소형 모사우루스류, 바다거북, 익룡 등 무엇이든 먹어 치웠어요. 깊은 바다까지 잠수할 수 있었지만 주로 얕은 바다에 살았어요.

신기한 공룡 이야기 08

공룡 시대에도 있었던 현대의 생물

▲ 가장 오래된 거북이로 손꼽히는 오돈토켈리스

대멸종에서 살아남은 생물들

공룡이 살았던 중생대는 지금으로부터 약 2억 5000만 년 전에서 6600만 년 전까지예요. 최초의 공룡 중에는 트라이아스기에 등장한 에오랍토르와 헤레라사우루스가 있어요. 인류가 500만 년 전 신생대에 등장한 데 비해 공룡은 약 2억 3000만 년 전에 나타나 1억 6000만 년이란 긴 시간에 걸쳐 진화를 거듭했어요. 그런데 공룡과 같은 시대에도 현대의 악어와 거북과 같은 파충류, 소형 포유류가 살았어요. 이런 생물들은 최초의 공룡과 같은 시기의 화석이 발견되고 있어요.

한편 스피노사우루스가 있었던 백악기에는 꽃이 피고 씨앗을 만드는 속씨식물이 출현했고, 티라노사우루스가 살았던 백악기 후기에는 곤충도 현재와 크게 다르지 않은 모습으로 많은 종류가 있었어요.

◀ 공룡 시대 이전의 석탄기에는 날개를 펼치면 약 70센티미터나 되는 거대 잠자리가 있었어요.

5장

공룡의
뿌리에서 멸종까지

공룡은 어디에서 왔고, 왜 번성했으며 무슨 이유로 멸종했을까요? 최신 공룡 연구를 참고하면서 공룡의 뿌리부터 생태, 멸종에 이르는 과정까지 살펴봐요.

공룡의
뿌리에서 멸종까지 1

물속에서 땅 위로 진출한 공룡의 조상

인기도

키워드

공룡의 조상

공룡의 조상은 긴 시간 동안 멸종 위기를 극복하며 다양한 형태로 진화했어요.

이크티오스테가

데이터

- **분류** : 사지형류, 견두류
- **시대** : 데본기 후기
- **몸길이** : 약 1.5미터
- **식성** : 육식(추정)
- **주요 서식지** : 그린란드
- **몸무게** : 불명

긴 꼬리에는 실러캔스처럼 지느러미가 있어요.

앞다리의 관절을 충분히 회전할 수 없어서 사족 보행이 불가능했어요.

육지에 오른 초기 동물의 일종으로 추정해요.

뒷다리에는 발가락이 일곱 개 있어요. 앞다리의 발가락 수는 알려지지 않았어요.

이크티오스테가는 사족 보행을 할 수 없었어요

이크티오스테가는 데본기 후기에 물속에서 육지로 올라온 사족 동물 바로 직전의 동물이에요. 네 다리는 아직 육상 보행이 가능할 만큼 발달하지 않아 어류인 짱뚱어처럼 짧은 앞다리로 기듯이 이동했을 거예요. 동시대에는 양서류보다 어류에 가까운 원시적 특징을 가진 아칸토스테가도 있었어요.

원시적인 사족 동물에서 파충류로

고생대 데본기에 육지에 오른 사족 동물은 육상 생물이 생활하기에 적합한 큰 삼림이 생긴 석탄기에서 살아남아, 페름기가 되면서 파충류로 진화했어요. 포유류의 조상은 석탄기 말부터 과정을 달리하여 단궁류※로 진화했어요. 파충류는 이후 크게 발전하여 어룡, 수장룡, 도마뱀(훗날 뱀이나 모사사우루스), 거북, 악어, 익룡, 공룡 등으로 다양하게 진화했어요.

※ 단궁류…초기 포유류의 조상으로, 외형은 도마뱀과 유사했어요. 포유류형 파충류(139쪽 참고)라고도 해요.

현생 파충류와 공룡의 몸 구조 차이

현생 파충류
다리가 몸통 옆에서 뻗어 나온 구조이기 때문에 다리를 구부려서 땅을 짚어요. 걷지 않을 때는 배도 땅에 닿아 있어요.

공룡
공룡은 몸통 바로 밑에서 곧게 뻗은 뒷다리로 몸무게를 지탱하고 머리와 꼬리로 균형을 잡아요.

공룡 상식

P-T 경계(페름기-트라이아스기 경계)의 멸종

페름기와 트라이아스기 사이의 'P-T 경계'에는 바다에서 산소가 부족해지고 화산이 분화하면서 생물의 대멸종이 일어나 척추동물의 82퍼센트에 해당하는 과※가 사라졌다고 해요. 공룡의 조상은 이 대멸종에서 살아남아서 이후에 번성할 수 있었어요.

※ 과…생물을 분류하는 계급의 하나로 속의 위 단위를 말해요.

공룡의
뿌리에서 멸종까지 2

라이벌의 멸종이
공룡의 번성을 가져왔어요

다양한 진화 | 라이벌은 멸종하고 식물이 번성하는 등 다양한 요인이 겹치면서 공룡은 다양하게 진화하며 커졌어요.

공룡이 번성한 이유

❶ 라이벌의 멸종이 1인 독주 상태로

트라이아스기 말부터 쥐라기 초에 대멸종이 일어나 라이벌인 대형동물이 거의 사라졌어요. 이후에는 공룡이 독주하게 되었답니다. 트라이아스기 공룡의 최대 라이벌은 주룡류에서 갈라져 나온 악어 크루로타르시류였는데 이들이 멸종하자 공룡이 쥐라기, 백악기에 번성하게 되었어요. 그런데 크루로타르시류가 왜 멸종했는지는 알려지지 않았어요.

라이벌이 멸종함으로써 먹이를 빼앗는 강력한 적이 사라졌어요.

트라이아스기 말 대멸종을 극복한 공룡

공룡은 중생대라는 긴 시간을 거쳐 다양하게 진화했어요. 처음 공룡이 출현한 트라이아스기 후기에는 종류가 적고 몸도 작았기 때문에 생물로는 소수에 속했어요. 하지만 트라이아스기 말에 라이벌인 대형 양서류와 파충류, 포유류형 파충류 대부분이 멸종했고, 악어와 거북, 공룡만이 살아남았어요.

쥐라기의 기후가 공룡의 번성을 가져왔어요

대멸종 시기에서 살아남은 공룡이 번성하면서 몸집이 커진 배경에는 쥐라기의 기후가 있어요. 쥐라기는 지금보다 따뜻하고 비가 많이 왔기 때문에 식물 역시 종류가 많고 크기가 컸어요. 또한 겉씨식물이 번성하여 그 분포 범위를 넓혔고, 후기에는 영양가 높은 열매를 맺는 속씨식물도 출현했어요. 식물이 다양해지자 공룡도 다양해졌고 초식 공룡이 커지면서 육식 공룡도 대형화했어요. 수각류의 일부가 조류로 진화하기도 했어요.

❷ 다양한 진화와 대형화, 식물의 번성에도 영향을 주다

생물은 경쟁자가 사라지면 빈자리를 채우고 빠르게 진화하여 다양해져요. 공룡이 종류가 많아지고 진화한 이유에도 라이벌이 없어진 요인이 컸어요. 또한 중생대에는 침엽수, 은행나무, 소철, 고사리 등이 번성했어요. 공룡은 대형화에 맞는 몸으로 바뀌었어요.(35쪽 참고) 온갖 식물을 먹는 초식 공룡이 먼저 대형화했고, 초식 공룡을 잡아먹는 육식 공룡도 대형화했어요.

식물이 풍부한 데다 넓은 지역에 걸쳐 살았기 때문에 다양해졌어요.

공룡 상식

'포유류형 파충류'란 어떤 생물?

페름기에 번성한 동물로, 공룡과 함께 살았어요. 두개골의 눈 뒤에 있는 구멍이 한 쌍밖에 없으며 이빨의 형태가 복잡한 특징이 포유류와 같아요. 그중 하나인 트리틸로돈류가 백악기까지 살아남았어요.

공룡의
뿌리에서 멸종까지 3

인기도

공룡의 대부분은 초식성으로
육식 공룡은 소수였어요

키워드

공룡의 식성 | 공룡이라고 하면 강한 인상을 주는 육식 공룡에게 주목하지만 공룡 대부분은 초식성이었어요.

초식 공룡

공룡은 초식성이 육식성보다 훨씬 많았어요. 초식 공룡의 먹이는 주로 고사리류, 침엽수, 은행나무, 소철, 야자잎 등이었어요. 백악기 이후에는 영양가가 높은 속씨식물※이 등장했어요.

육식 공룡

수각류의 육식 공룡은 초식 공룡을 먹이로 먹으며 번성했어요. 북아메리카에 살았던 초기 수각류 코엘로피시스는 소형 동물을 잡아먹은 것으로 추정해요. 수각류 중에는 잡식이나 초식성으로 변한 종도 있어요.

※ 속씨식물 … 꽃을 피워 열매를 맺는 식물. 현재는 전체 육지 식물의 약 90퍼센트를 차지해요.

종류와 수에서 모두 압도적으로 많았던 초식 공룡

공룡이라고 하면 티라노사우루스나 알로사우루스 같은 육식 공룡의 이미지가 강하지만 사실 육식 공룡은 수각류뿐으로, 수가 매우 적었어요. 반대로 초식 공룡은 종류나 수적인 면에서 모두 압도적으로 많았어요. 육식 공룡은 수가 많은 초식 공룡을 먹이로 하여 번성한 것이랍니다.

플라테오사우루스

데이터

분류 : 용반류, 원시 용각류 **식성** : 초식
시대 : 트라이아스기 후기
주요 서식지 : 독일, 프랑스, 스위스, 그린란드
몸길이 : 약 8미터 **몸무게** : 약 1톤

가늘고 긴 목으로 높은 나무에 달린 잎을 먹을 수 있었어요.

앞다리에 큰 갈고리발톱이 발달해 나무를 잡고 몸을 지탱했어요.

플라테오사우루스는 획기적인 초식 동물이었어요

육지에 최초로 나타난 초식 동물은 땅 가까이에서 자라는 식물을 먹었어요. 트라이아스기가 되자 긴 목으로 높은 곳에 있는 나뭇잎을 먹는 원시 용각류가 출현했어요. 용각류 무리는 효율적으로 식물을 뜯어 먹을 수 있는 턱과 이빨이 있었어요.

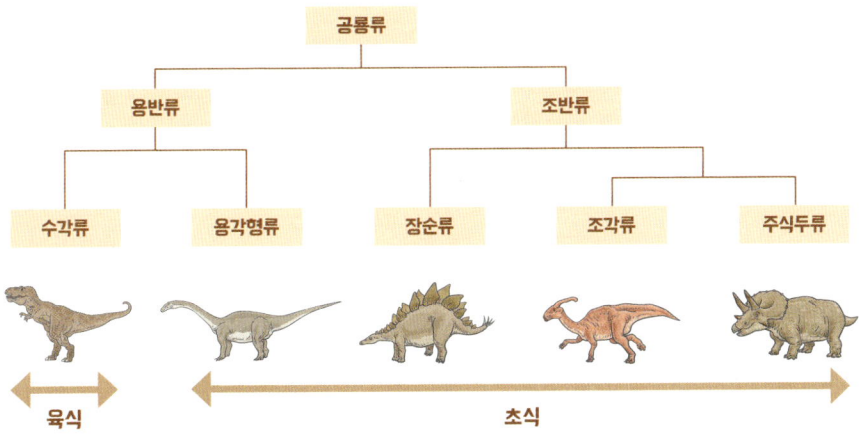

공룡 상식

잡식성 용각형류도 있었다?

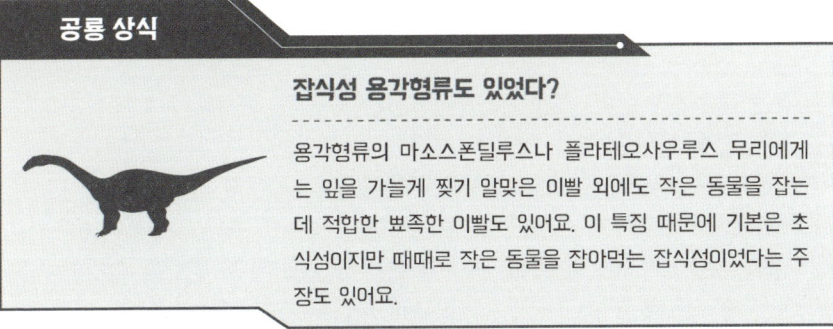

용각형류의 마소스폰딜루스나 플라테오사우루스 무리에게는 잎을 가늘게 찢기 알맞은 이빨 외에도 작은 동물을 잡는 데 적합한 뾰족한 이빨도 있어요. 이 특징 때문에 기본은 초식성이지만 때때로 작은 동물을 잡아먹는 잡식성이었다는 주장도 있어요.

공룡의 뿌리에서 멸종까지 4

인기도

공룡의 몸은 깃털로 덮여 있었어요

키워드

깃털 공룡 — 최근 연구에서는 수각류뿐 아니라 다른 공룡에게도 깃털이 있었을 가능성이 나오고 있어요.

시노사우롭테릭스

데이터

분류 : 용반류, 수각류 **식성** : 육식
시대 : 백악기 전기 **주요 서식지** : 중국
몸길이 : 약 1미터 **몸무게** : 약 15킬로그램

다른 수각류에 비해 목이 길고 꼬리가 짧아요.

목에서 긴 꼬리 끝까지 몸 전체가 깃털로 덮여 있어요.

몽골과 중국의 고비사막 등에서 둥지에서 알을 품고 있는 화석이 발견되었어요.

키티파티

데이터

분류 : 용반류, 수각류 **식성** : 잡식
시대 : 백악기 후기 **주요 서식지** : 몽골
몸길이 : 약 2.5미터 **몸무게** : 약 75킬로그램

둥지의 공룡 화석을 조사했더니 수컷이 알을 품었다는 사실이 밝혀졌어요.

수많은 깃털 공룡

깃털 공룡 화석은 주로 중국에서 발견되었어요. 대부분이 조류에 가까운 수각류예요. 이들 화석으로 **공룡** 시대에는 **깃털 공룡**이 많음을 알게 되었어요. 이런 깃털은 몸을 덮고 있는 비늘에서 진화한 것으로 추정해요.

수각류 이외의 공룡도 깃털이 있었어요

지금까지 공룡의 깃털은 조류에 가까운 수각류의 특징이라고 생각했지만, 최근 꼬리에 깃털 흔적이 있는 주식두류 프시타코사우루스의 화석이나 원시적인 조반류 쿨린다드로메우스의 깃털 화석이 발견되었어요. 이로써 현재는 수각류뿐 아니라 다른 공룡도 깃털이 있었다는 사실이 알려졌어요.

쿨린다드로메우스

데이터

분류 : 조반류, 조각류
식성 : 초식
시대 : 쥐라기 중기~후기
주요 서식지 : 러시아
몸길이 : 약 1.5미터
몸무게 : 불명

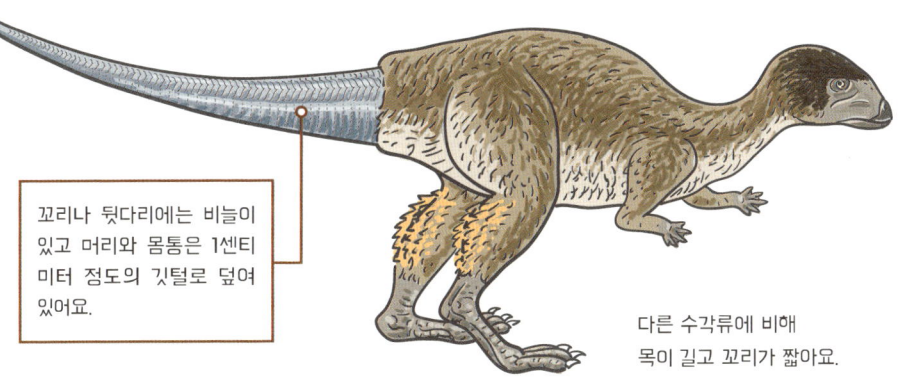

꼬리나 뒷다리에는 비늘이 있고 머리와 몸통은 1센티미터 정도의 깃털로 덮여 있어요.

다른 수각류에 비해 목이 길고 꼬리가 짧아요.

공룡 상식

남극에도 깃털 공룡이 있었다?

2019년 오스트레일리아 남부의 백악기 전기 지층에서 보존 상태가 양호한 깃털 화석이 발견되었어요. 당시 오스트레일리아는 남극 대륙과 붙어 있는 추운 지역이었어요. 공룡은 깃털로 추위를 극복했을 거예요.

공룡의
뿌리에서 멸종까지 5

인기도

대륙이 분열했기 때문에 다양한 종류의 공룡이 생겨났어요

키워드

지각 변동

공룡은 초대륙 판게아에서 탄생하고 대륙의 분열과 함께 다양해졌어요.

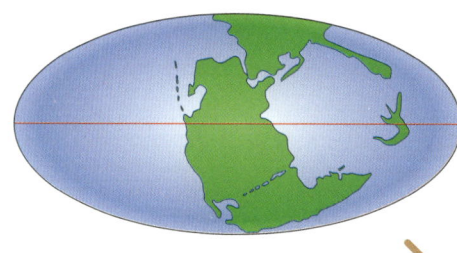

◀ 트라이아스기의 대륙

페름기 말 즈음, 로렌시아 대륙, 발티카 대륙, 곤드와나 대륙, 시베리아 대륙이 충돌하여 초대륙 판게아가 탄생했어요. 판게아는 트라이아스기에 다시 분열을 시작해요.

쥐라기의 대륙 ▶

쥐라기 중기가 되자 판게아는 다시 로라시아 대륙과 곤드와나 대륙으로 분열했어요. 곤드와나 대륙은 다시 서곤드와나와 동곤드와나로 분열해요.

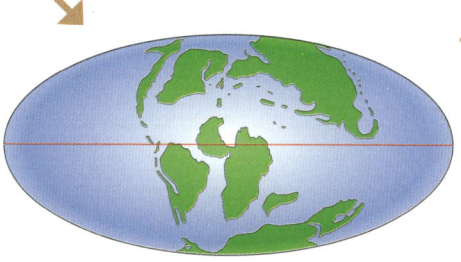

공룡은 초대륙 판게아에서 태어났어요

생물은 지구 내부의 맨틀 위에 놓인 단단한 판 위에서 살고 있어요. 이 판은 오랜 시간에 걸쳐 이동하고 있어요. 석탄기에 남반구에 있었던 곤드와나 대륙과 적도 부근의 유라메리카 대륙이 충돌하였고, 그 뒤 북반구에 있던 시베리아 대륙도 충돌하여 트라이아스기에는 초대륙 판게아가 만들어졌어요.

다시 분열한 대륙에서 독자적으로 진화

샘페름기에서 트라이아스기에 걸쳐 지구에는 판게아 대륙만이 존재했고 공룡은 그 중앙의 건조한 지역에서 출현한 것으로 추정해요. 쥐라기가 되자 판 구조론에 따라 판게아는 로라시아 대륙과 곤드와나 대륙으로 분열했어요. 백악기가 되면서 각 대륙으로 흩어진 공룡들이 각각의 환경에 맞춰 진화하며 종류가 다양해졌어요.

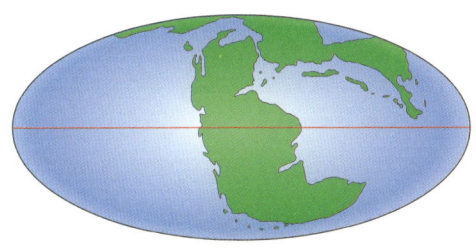

◀ **백악기 대륙**

페름기 말 즈음, 로렌시아 대륙, 발티카 대륙, 곤드와나 대륙, 시베리아 대륙이 충돌하여 초대륙 판게아가 탄생했어요. 판게아는 트라이아스기에 다시 분열하기 시작했어요.

판 구조론이란?

지구 내부에는 녹아 있는 암석 '맨틀'이 있고, 그 위에는 단단한 판이 놓여 있어요. 맨틀이 뜨겁기 때문에 대류라는 흐름이 생기고 그 흐름에 따라 판이 움직이는 것을 '판 구조론'이라고 해요.

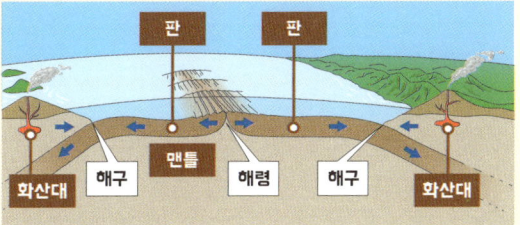

공룡 상식

지구에서만 보이는 판 구조론 현상

지구형 혹성이나 암석으로 생긴 위성은 맨틀이 있을 것으로 추정해요. 수성의 맨틀은 유황을 많이 포함하고 있으며 화성의 맨틀에는 산화 철이 많아요. 하지만 현재는 판 구조론 현상이 다른 행성에서는 관찰되지 않아요.

공룡의 뿌리에서 멸종까지 6

인기도

운석 충돌에서 화산 분화까지 공룡 멸종 원인의 다양한 설

키워드

운석 충돌설

공룡은 왜 멸종했을까요? 현재는 거대 운석이 지구에 충돌하면서 환경이 변했다는 설이 가장 유력해요.

대멸종을 가져온 거대 운석의 낙하

백악기에 번성한 공룡과 익룡, 수장룡이 멸종한 원인은 거대 운석이 멕시코 유카탄반도 북부에 충돌했기 때문으로 추정해요.

이 운석의 지름은 약 10킬로미터고, 운석 충돌의 흔적으로 보이는 충돌 크레이터(구덩이)의 지름은 약 160킬로미터나 돼요. 연구자들은 운석 충돌로 인한 충격이 히로시마 원폭 충격의 30억 배라고 해요. 그 엄청난 에너지의 화학 반응으로 발생한 많은 양의 이산화탄소와 유기산이 폭발 먼지와 함께 지구를 휘감으면서 햇빛을 차단하고 식물의 광합성을 방해했어요. 그 결과 식물이 줄어들고 초식 공룡, 그리고 육식 공룡이 사라졌을 것이라고 해요.

① 운석 낙하

운석이 바다로 떨어져 높이 300미터의 해일이 발생했어요. 뜨거운 운석의 파편이 지구의 반대편까지 날아가 각지에서 대규모 화재가 일어났다고 해요.

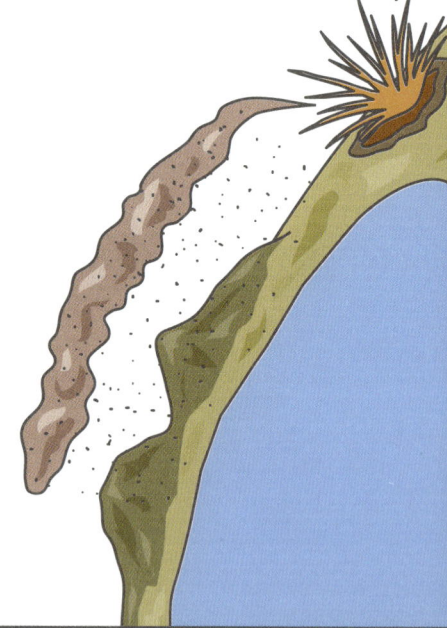

② 분진이 대기 중으로 확산

운석 충돌의 에너지와 떨어진 지표의 성분이 화학 반응을 일으켜 많은 양의 이산화탄소와 유산이 발생했어요. 이것이 충돌하며 폭발 먼지와 함께 지구의 대기권 내로 퍼졌어요.

③ 식물의 감소

지구를 뒤덮은 폭발 먼지와 이산화탄소 등의 가스가 태양광을 차단하여 식물의 광합성이 불가능해졌고 이 때문에 식물과 식물 플랑크톤이 감소했어요.

⑤ 육식 공룡도 멸종

초식 공룡을 먹이로 했던 육식 공룡도 멸종했어요. 이는 환경의 변화가 전 세계적으로 일어났음을 뜻해요.

④ 초식 공룡의 멸종

초식 공룡을 포함한 동물들은 큰 몸과 무리의 수를 유지하기 위해 먹이가 많이 필요해요. 식물이 감소하자 점차 그 수가 줄고 결국에는 멸종했어요.

공룡 상식

대멸종에서 살아남은 종의 수수께끼

공룡류는 백악기의 대멸종으로 사라졌어요. 몸을 진화시킨 수각류인 조류와 도마뱀류, 양서류, 곤충 등은 어떻게 살아남았을까요? 그 이유는 지금까지도 밝혀지지 않아 연구가 진행 중이에요.

키워드
화산 분화설

화산 분화가 멸종의 원인이라는 결정적 증거는 없지만 공룡들의 생활에 큰 영향을 끼쳤을 거예요.

화산 분화가 지구 환경을 변화시켰을까요?

공룡 멸종의 원인 중 하나로 화산 분화설이 있어요. 백악기 후기 지층에서 발견된 인도 아대륙의 대량 용암 흔적을 보고, 화산 활동의 분출물이 지구 환경을 급격하게 변화시켰다는 설이에요. 어느 정도로 컸는지 잘 모르겠지요? 우리나라 땅의 두 배가 넘는 크기의 현무암이 이 분화로 생긴 것이지요. 이 분화가 공룡 멸종의 직접적인 원인이 되었는지는 확실하지 않지만 분화가 약 200만 년 동안 계속되면서 지구 환경에 큰 영향을 주었을 거예요.

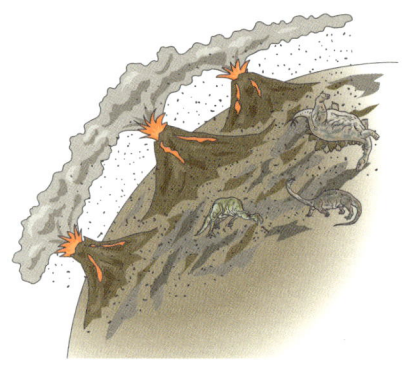

① 운석 낙하
인도 아대륙에서 거대한 분화가 발생했어요. 우주와의 경계인 성층권까지 분연(화산 가스나 작은 화산재)과 분진, 가스 등이 도달했고, 기류를 타고 전 세계로 퍼져 나갔어요.

② 지구 환경의 급격한 변화
전 세계의 하늘을 연기가 뒤덮으면서 태양 빛을 가로막아 기온이 저하되고 식물이 감소한 것도 공룡의 멸종 요인이 되었어요.

공룡 상식

멸종 원인에 관한 다른 설

공룡 멸종의 원인에 대해서는 이외에도 여러 설이 있어요. 전염병설, 초신성의 폭발로 우주선(우주에서 지구로 쏟아지는 높은 에너지의 미립자와 방사선)에 노출되었기 때문이란 설, 식물로 인한 중독설, 그리고 지구의 자기극이 이동하여 발생한 기상 변동설 등이 있어요.

키워드

점진적 멸종설

거대 운석이 충돌하기 훨씬 이전부터 공룡의 수가 이미 줄어들기 시작했다는 설도 있어요.

공룡이 서서히 멸종해 갔다고요?

멸종의 원인을 알려면 멸종이 급격하게 일어났는지, 긴 시간에 걸쳐 서서히 일어났는지를 밝혀야 해요.

 운석이 충돌했다면 환경이 급격하게 변화해 짧은 시간에 멸종했을 거예요. 분화로 지구 전체의 기후가 변했다면 천천히 멸종했을지도 몰라요.

 최근에는 **공룡의 종류가 조금씩 줄다가 6600만 년 전에 한꺼번에 많은 종이 줄어들었다는** 사실을 밝혀냈어요. 운석 낙하나 대분화가 원인일 가능성이 있어요.

7500만 년 전   11과 30속

7000만 년 전   23속

6800만 년 전   18속

6650만 년 전   7속

공룡 상식

소형 포유류가 공룡에 영향을 미쳤다?

백악기 후기의 포유류는 쥐처럼 소형 동물이었지만 육식 공룡과는 정반대로 야행성이었어요. 그래서 먹잇감이 되지 않고 반대로 활동이 왕성했던 포유류가 공룡의 알이나 새끼, 초식 공룡의 먹이인 식물 등을 먹어 치웠을 거란 설도 있어요.

신기한 공룡 이야기 09

공룡의 묘지 '골층'이란?

각 나라에서 발견되고 있는 '골화석포함층'

화석의 발굴 현장에서는 공룡의 화석이나 뼈의 파편, 비늘, 이빨 등이 하나의 장소에서 대량으로 발견되는 지층이 있어요. 이것을 '골층'이라고 해요. 골층은 지금까지 남북아메리카나 아르헨티나, 몽골, 중국 등에서 발견되었고 그중에서도 미국에서 발견된 알로사우루스의 골층이나 캐나다의 알베르토사우루스의 골층 등이 유명해요. 좁은 장소에 포개져 발견되는 뼈의 산은 마치 '공룡의 묘지' 같아요.

골층이 생기는 이유로 추정되는 두 가지 이유

이유 ①

공룡이 무리 지어 강을 건널 때 어떤 원인으로 한꺼번에 익사했어요.

이유 ②

각각의 다른 장소에서 죽은 공룡의 사체나 뼈가 홍수에 휩쓸려 한곳에 모였어요.

찾아보기

ㄱ

가르고일레사우루스	75
각룡류	6, 12, 13, 36, 81, 141
갈고리발톱	60~62, 71, 141
갈리미무스	29, 89
검룡류	6, 12, 41
고르고사우루스	58
곡룡류	6, 12, 74~77, 141
곤드와나	5, 102, 144, 145
곤드와나티탄	99
공룡알 화석	27, 33, 104, 105
글라키알리사우루스	112
기가노토사우루스	62, 99
깃털 공룡	69, 96, 142, 143

ㄴ

노도사우루스	74, 75
노토사우루스	122~124
니폰노사우루스	86, 121

ㄷ

다켄트루루스	41
단바티타니스	16, 108, 109, 111
데이노니쿠스	11, 29, 52, 60, 61, 93
데이노수쿠스	70
데이노케이루스	33, 89
드레드노투스	72
드로마에오사우루스	53, 54, 61, 96
디플로도쿠스	7, 11, 44~46
딜롱	67

ㄹ

람포링쿠스	115~117
래티코사우루스	125
로말레오사우루스	125

ㅁ

마멘키사우루스	42, 43
마소스폰딜루스	141
마이아사우라	32, 93
마치카네악어	70
마크로플라타	125, 127
마푸사우루스	63
메갈로사우루스	84, 95
메타노토사우루스	123
멸종	132, 134, 137~139, 146~149
모사사우루스	14, 132, 133
모시룡	109, 110, 121

무타부라사우루	102	스티키몰로크	79
미라가이아	41	스피노사우루스	8, 9, 64, 65, 100, 101
미크로랍토르	17, 55	시노사우롭테릭스	142
민미	102	시조새(아르카이오프테릭스)	5, 7, 52~55, 95, 114

ㅂ

바라파사우루스	103
발자국 화석	28, 29, 43, 104, 105
벨로키랍토르	8, 97
부경고사우루스 밀레니우미	106
불카노돈	42, 43, 101
브라키오사우루스	10, 11, 28, 31, 48, 49, 101

ㅅ

사우로포세이돈	72
센트로사우루스	36, 37
쇼니사우루스	131
수각류	7~9, 26, 33, 58, 62, 63, 104, 140
스켈리도사우루스	38, 39
스쿠텔로사우루스	38, 39
스테고사우루스	5, 6, 12, 28, 31, 38~41, 93
스테고케라스	79

ㅇ

아르젠티노사우루스	16, 17, 73, 99
아르케론	129
아벨리사우루스	8
아우스트랄로베나토르	103
아크로칸토사우루스	63
아파토사우루스	5, 46, 47, 93
안키오르니스	54, 55
안킬로사우루스	6, 12, 56, 57, 75~77
안타르크토펠타	112
알로사우루스	4, 9, 31, 50, 51, 63, 92, 93
알바레즈사우루스	85
알발로포사우루스	110
알베르토사우루스	150
에로망가사우루스	126
에오랍토르	4, 26, 27, 134
에오티라누스	68, 94
에우디모르포돈	114, 115
에우헬로푸스	97

153

엘라스모사우루스	109, 127, 128	**ㅋ**	
엘라프로사우루스	8	카르노타우루스	9, 62, 98
오르니토미무스	67, 88, 89	카르카로돈토사우루	62, 63
오비랍토르	33, 54, 55, 96	카무이사우루스	111
오스니엘로사우루스	83	케라토사우루스	8, 62
올로로티탄	102	케이초우사우루스	123
용각류	4, 5, 7, 10, 11, 37, 42~47, 72, 73, 104, 141	케찰코아틀루스	119
용반류	7, 90, 141	켄트로사우루스	41, 100
우타츠사우루스	120	코리아노사우루스 보성엔시스	106, 107
유타랍토르	61	코리아케라톱스 화성엔시스	106, 107
유티라누스	67	코시사우루스	111
이구아노돈	6, 13, 28, 41, 82~84, 86, 95	코엘로피시스	4, 8, 9, 92
		콤프소그나투스	52
이크티오사우루스	15, 130	쿨린다드로메우스	143
이크티오스테가	136	크로노사우루스	126, 127
인롱	36, 37	크리올로포사우루스	112
		키티파티	33, 142

ㅈ		**ㅌ**	
조각류	6, 12, 13, 83, 84, 104, 141	타르보사우루스	96
조반류	6, 7, 11, 12, 38, 90, 141	타르키아	77
주니케라톱스	37	테논토사우루스	60
중생대	4, 5, 58, 64, 127	테리지노사우루스	71
		토로사우루스	81

투리아사우루스	72
트로오돈	31, 33, 54
트리케라톱스	6, 13, 29, 36, 37, 80, 81, 93
티라노사우루스	5, 7, 9, 28, 30, 31, 50, 58, 61, 62, 66~70, 93
티라노티탄	9, 63
티타노사우루스	73, 110, 111
틸로사우루스	132

ㅍ

파라사우롤로푸스	13, 87
파랄리티탄	72, 101
파키케팔로사우루스	6, 13, 78, 79
파키플레우로사우루스	122
판게아	27, 144, 145
폴라칸투스	75
프레온닥틸루스	115
프로토케라톱스	33, 81
프로토아르케옵테릭스	54
프시타코사우루스	36, 37, 143
프테라노돈	14, 118, 119
프테로닥틸루스	117
플라테오사우루스	7, 10, 95, 141
플레시오사우루스	15, 124, 125, 127
플리오사우루스	4, 15, 124, 127

ㅎ

하드로사우루스	32, 56~58, 86, 87, 121
해남이크누스 우항리엔시스	106, 107
헤레라사우루스	26, 27, 134
후쿠이랍토르	110
후쿠이베나토르	111
후쿠이사우루스	110
후쿠이티탄	110
후타바사우루스	121, 127, 128
힙실로포돈	13, 83, 112

참고 문헌

▶도움받은 자료
<NHK 스페셜 공룡초세계>, NHK 스페셜 공룡초세계 제작반 지음, 고바야시 요시쓰구, 고니시 타쿠야 감수, 내셔널 지오그래픽 편집, 닛케이 내셔널 지오그래픽사

<공룡 7대 미스터리>, 다카라시마사

<공룡 교과서>, 대런 내쉬, 폴 바렛 지음, 고바야시 요시쓰구 외 감수 및 옮김, 소겐사

<공룡 비주얼 대도감>, 쓰치야 켄 지음, 요센사

<공룡시대Ⅰ-기원에서 거대화로>, 고바야시 요시쓰구 지음, 이와나미 서점

<공룡은 멸망하지 않았다>, 고바야시 요시쓰구 지음, 가도카와

<공룡투성이 발굴 현장은 오늘도 목숨을 걸고>, 고바야시 요시쓰구 지음, 신초사

<누군가에게 말하고 싶은 공룡 이야기>, 히라야마 렌 지음, 다카라시마사

<닛케이 BP 무크 내셔널 지오그래픽 별책 6. 공룡이 있던 지구 2억 5000만 년의 여행 GO!>, 닛케이 내셔널 지오그래픽사

<도해 잡학 공룡의 수수께끼>, 히라야마 렌 지음, 나쓰메사

<살아나는 공룡 도감 초비주얼 CG판>, 스티븐 L. 부르사트 지음, 기타무라 유이치 감수, 쓰바키 마사하루 옮김, SB 크리에이티브

<생물의 진화 대도감>, 마나베 마코토 외 감수, 가와이데 쇼보 신사

<소학관의 도감 NEO 공룡>, 도미다 유키미쓰 지음, 쇼가쿠칸

<어른 공룡 도감>, 기타무라 유이치 지음, 지쿠마쇼보

<어른을 위한 '공룡학'>, 쓰치야 켄 지음, 고바야시 요시쓰구 감수, 쇼덴사

<최신 공룡학>, 히라야마 렌 지음, 평범사

<최신 연구로 알았다! 공룡의 수수께끼>(SAKURA MOOK 49), 고바야시 요시쓰구 협력, 가사쿠라 출판사

<프린스턴 필드 가이드 공룡 2판>, 그레고리 S. 폴 지음, 프린스턴 대학 출판사

<학연의 도감 공룡의 세계>, 마나베 마코토 감수, 가켄 교육출판

▶ '한국의 공룡'
-도움받은 사이트
전국과학관길라잡이 https://smart.science.go.kr

-도움받은 도서
《National Geographic 공룡대백과》(지우세페 브릴란테 외 지음, 봄봄스쿨, 2018), 《공룡 대백과》(이용규 외 지음, 웅진주니어, 2013), 《공룡 전쟁》(필 매닝 지음, 봄나무, 2015)

감수자 **고바야시 요시쓰구**

공룡학자 및 고생물학자. 홋카이도대학교 종합박물관에서 교수로 일하고 있습니다. 미국 와이오밍대학교에서 지질학 지구물리학과를 졸업하고, 미국 서던메소디스트대학교에서 지구과학 박사 학위를 받았습니다. 오사카대학교 종합학술박물관 초빙 교수, 미국 페로자연과학박물관 초빙 연구원, 미국 내셔널지오그래픽재단 심사위원 등을 맡고 있습니다. 몽골, 중국, 미국, 캐나다 등 세계를 돌아다니며 공룡 화석을 발굴하고 연구하고 있습니다.

《나는 공룡탐험가!》《공룡투성이-발굴현장은 오늘도 목숨을 건다》등을 쓰고,《움직이는 도감 MOVE 공룡》《티라노사우루스는 대단해》등을 감수했습니다.

(※이 책 104~107쪽 '한국의 공룡'은 감수에서 제외합니다.)

옮긴이 **이진원**

경희대학교 일어일문학과를 졸업하고 현재 번역 에이전시 엔터스코리아 출판기획 및 일본어 전문 번역가로 활동하고 있습니다. 옮긴 책으로는《최강왕 공룡 배틀》《최강왕 위험 생물 대백과》《최강왕 오싹한 요괴 대백과》《초강력! 세계 UMA 미확인 생물 대백과》《최강왕 요괴 랭킹 슈퍼 대사전》《최강왕 괴기 생물 대백과》《생태도감 그림책》《365일 앵무새 키우기》《작은새 기르기 43》《토끼 기르기 사전 49》《작은 동물 기르기 263》등이 있습니다.

사진 출처
한국 공룡 그림 | 구연산

CHO REAL KRORYU SURVIVAL ZUKAN
supervised by Yoshitsugu Kobayashi

Copyright ⓒ Yoshitsugu Kobayashi / G.B.company 2020
All rights reserved.
Original Japanese edition published by G.B.company
Korean translation copyright ⓒ 2021 by BONUS Publishing Co.
This Korean edition published by arrangement with G.B.company
through HonnoKizuna, Inc., Tokyo, and BC Agency

이 책의 한국어판 저작권은 BC에이전시를 통한 저작권자와의 독점 계약으로 보누스출판사에 있습니다.
저작권법에 의해 보호를 받는 저작물이므로 무단전재와 무단복제를 금합니다.

최강 공룡 서바이벌 대백과
봐도 봐도 신기한

1판 1쇄 펴낸 날 2021년 10월 5일

감 수	고바야시 요시쓰구
그 림	구마아트 (※이 책 104~107쪽 '한국의 공룡' 그림 제외)
옮긴이	이진원
주 간	안정희
편 집	윤대호, 채선희, 이승미, 윤성하, 이상현
디자인	김수인, 이가영, 김현주
마케팅	함정윤, 김희진

펴낸이	박윤태
펴낸곳	보누스
등 록	2001년 8월 17일 제313-2002-179호
주 소	서울시 마포구 동교로12안길 31 보누스 4층
전 화	02-333-3114
팩 스	02-3143-3254
이메일	viking@bonusbook.co.kr
블로그	http://blog.naver.com/vikingbook

ISBN 978-89-6494-512-4 73490

바이킹은 보누스출판사의 어린이책 브랜드입니다.

• 책값은 뒤표지에 있습니다.

DK 체스 바이블
클레어 서머스케일 지음 | 이은경 옮김

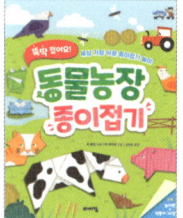

**뚝딱 접어요!
동물농장 종이접기**
조 풀먼 지음 | 앤 파쉬에 그림

**뚝딱 접어요!
사파리 종이접기**
조 풀먼 지음 | 앤 파쉬에 그림

**정브르가 알려주는
곤충 체험 백과**
정브르 지음

**정브르가 알려주는
파충류 체험 백과**
정브르 지음

**창의력 뿜뿜!
어린이 셰프 요리책**
디에나 F. 쿡 지음 | 달달샘 김해진 감수

**창의력 뿜뿜!
어린이 파티시에 요리책**
디에나 F. 쿡 지음 | 달달샘 김해진 감수

초등학생 수영 교과서
모리 겐이치로, 류기연 감수

최강 공룡 서바이벌 대백과
고바야시 요시쓰구 감수

생각이 자라는 어린이책 바이킹

이메일 viking@bonusbook.co.kr
블로그 blog.naver.com/vikingbook
인스타그램 @viking_kidbooks